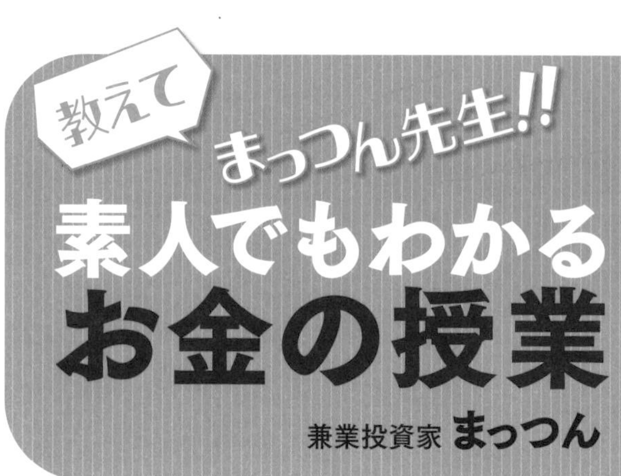

ダイヤモンド社

はじめに

本書を手に取っていただきました読者さんへ

昨今の日本を取り巻く経済状況は決して明るくありません。

老後2000万円問題をはじめ、深刻な年金問題、長寿化による介護費用の捻出など、我々の将来は常にお金の不安がつきまとう時代になりました。

高度経済成長期は、遠い過去のものとなり、かつてGDP世界第2位までのぼりつめた勢いはもはや日本にはありません。それに伴い、終身雇用制度の崩壊や退職金カットなど、会社が我々を守ってくれる時代はすでに終わりを告げています。

この本を手に取った皆さんも、何かしら今の生活において金銭的な不安があるのではないでしょうか。

何を隠そう、私もかつてはそんな一人でした。

読者の皆さんの一筋の光になるようなツールになればいい。そんな目的で本書を執筆いたしました。

少々、堅苦しい挨拶になりましたが、はじめまして皆さん、著者のまっつんです。

私は現職のサラリーマンの傍ら、投資家としての顔を持つ兼業投資家です。

普通にどこにでもいる一般のサラリーマンから、どのようにして投資で成功を収めたのか。

そのやり方や考え方を、本書ではふんだんに盛り込んでいます。

読者の皆さんにもわかりやすく、さまざまな投資商品について解説し、具体的なアクションの方法やノウハウも伝えていきますので、ぜひ楽しみながら読み進めていってくださいね。

それでは本書の講義でお会いしましょう!!

まっつん

億を稼いだ兼業投資家
まっつんがレクチャー！

どうして投資が必要なの!?

将来を考えるとやっぱりお金って必要？
悩むハジメ君に、先輩ミノリさんが
凄腕個人投資家まっつんを紹介。
投資の必要性を教えて
もらうことに！

まっつん

プロフィール

1979年1月24日生まれ。水瓶座のO型
都内某ホテルに勤務する兼業投資家
好きな女優は深田恭子サン！

投資歴

これはほんの一部

友人に勧められたファンドの購入で資産が200万円から900万円に拡大。

900万円を元手に25歳から株式投資をスタート。中小型株式が中心。米国や中国など、日本より成長力のある海外株式を多く保有。資産が8000万円に膨らむ。

27歳から不動産投資をスタート。
現在は区分9戸、うち無借金は5戸となる。アパートを3棟保有。さらに太陽光発電投資で太陽光発電設備を2基保有。

2014年から暗号資産にいち早く着目し、リップルを10万円分購入。爆益が出たがパスワード紛失で現金化できず。ビットコインも購入時から約10倍になり、現在は2000万円ほど保有。

などなど…

ス、スゴイ!!

けっこう失敗も多いけど
ずっと続けてきたのが
よかったと思うよ

投資って怖いイメージがあって……
貯金じゃダメなんですか？
そうだね、まずは投資の必要性を考えよう

例えば、銀行に100万円の貯金があるとする
BANK
今、銀行の金利はどのくらいか知ってる？

えーと
たしか都市銀行の1年もの定期預金は**0.002%**のはず
そう！ 日本はずっと超が付くほどの低金利が続いている
100万円預けても利息は1年でたったの20円
100万円
20円
預けているだけじゃ増えないんだ
で、でも減ることもないですよね？

それが減るんだ！今はインフレが加速しているでしょう？
はい！モノの値段がどんどん上がってて電気代もすごいです！

昨日までは1万円で10個も買えていた商品が値上がりして今日は9個しか買えないとかね
1万円
アレッ？
つまり、実質的に貯金が目減りしているのと一緒なんだ！

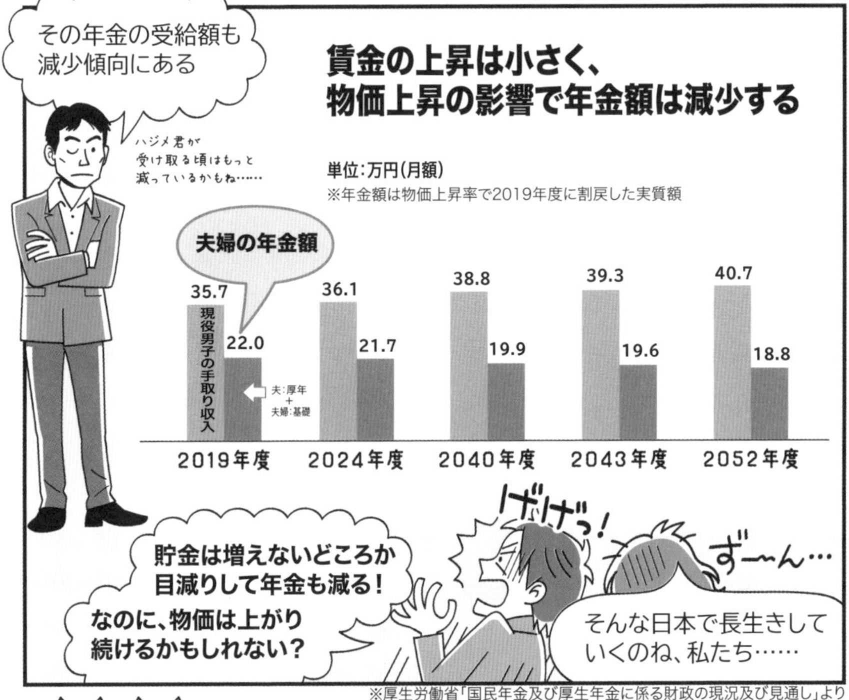

その年金の受給額も
減少傾向にある

ハジメ君が
受け取る頃はもっと
減っているかもね……

賃金の上昇は小さく、
物価上昇の影響で年金額は減少する

単位：万円（月額）
※年金額は物価上昇率で2019年度に割戻した実質額

	現役男子の手取り収入	夫婦の年金額（夫：厚年＋夫婦：基礎）
2019年度	35.7	22.0
2024年度	36.1	21.7
2040年度	38.8	19.9
2043年度	39.3	19.6
2052年度	40.7	18.8

ガガーン！
ずーん…
貯金は増えないどころか
目減りして年金も減る！
なのに、物価は上がり
続けるかもしれない？
そんな日本で長生きして
いくのね、私たち……

※厚生労働省「国民年金及び厚生年金に係る財政の現況及び見通し」より

まっつんサン！！
投資について教えて
くださーーーーーい！！！

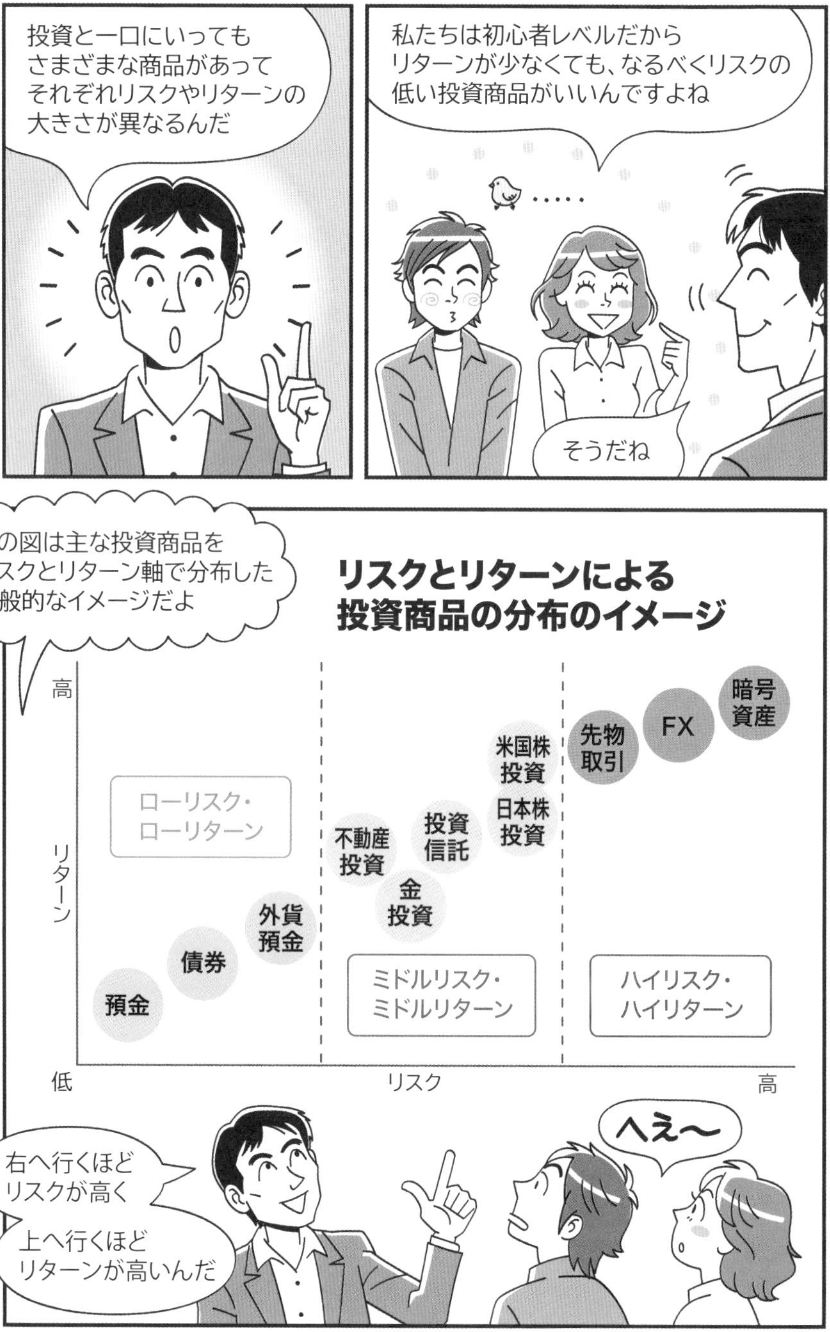

この図は主な投資商品を
リスクとリターン軸で分布した
一般的なイメージだよ

リスクとリターンによる
投資商品の分布のイメージ

高
リターン
低
リスク
高

ローリスク・
ローリターン

預金
債券
外貨
預金

ミドルリスク・
ミドルリターン

不動産
投資
金
投資
投資
信託
日本株
投資
米国株
投資

ハイリスク・
ハイリターン

先物
取引
FX
暗号
資産

右へ行くほど
リスクが高く

上へ行くほど
リターンが高いんだ

へえ〜

私は日本株投資を
始めたばかりだけど
リスクがちょっと高めね
本当は投資信託
あたりがいいのかも
ミノリ先輩は何か
投資やってますか？

ボクは
暗号資産やFXにも
興味あるなあ！
実践するのは
まだ無理かも
しれないけど…
投資信託の基本が
知りたいわ！
こうやって投資商品を整理して
自分の許容できるリスクの範囲で
始めるのがいいね

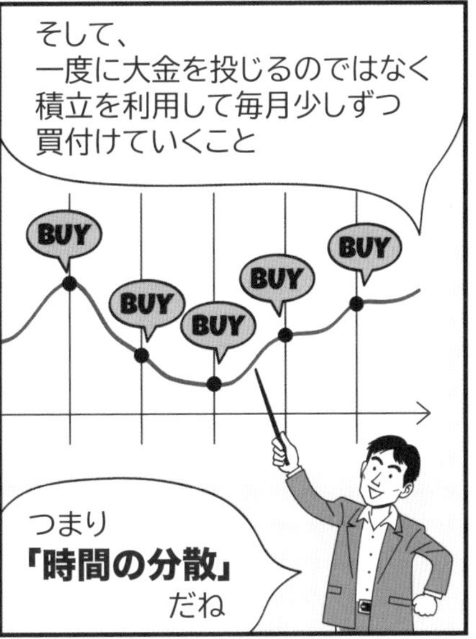
そして、
一度に大金を投じるのではなく
積立を利用して毎月少しずつ
買付けていくこと
BUY
BUY
BUY
BUY
BUY
つまり
「時間の分散」
だね

まず、
投資初心者に大切なのは
「分散投資」
暗号資産
外国株
FX
金
分散投資
債券
国内株
1つの商品だけでなく
複数の商品に分散
させること

分散投資か
それを実践するには
いろいろな投資商品に
ついて、もっと詳しく
知りたいな
そうよね！ そもそも
どんな投資商品があるのか
私たちはよくわかってないもの

そこで、この本の出番だよ！
前のページの分布図の中から
7つの投資商品と、
初心者にオススメの**積立投資**
についてしっかり解説している

最初から順番に読んでもいいし
気になる投資商品のパートから
読んでもいい
どこからでも
読み始められるよ！
でも、もし本を読んでも
わからないことが出てきたら
どうすればいいでしょうか？

そんな時は、直接
ボクに問い合わせてよ！
えっ!? そんなことが
できるんですか？

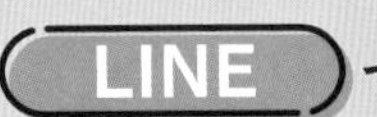

で

質問したいなら
ここからアクセス!

ブログ

【まっつんの資産運用ブログ】
https://mattun-freedom.com/

Twitter

【伝説のホテルマンM】
@mattun19790124

YouTube

【まっつんちゃんねる】

Contents

プロローグ

Part 1 日本株投資

Part 2

米国株投資

Part 3

投資信託

Part 4 積立投資

Part 5 不動産投資

Part 6

FX（外国為替証拠金取引）

Part 7

暗号資産

Part 8 金投資

Part 1

日本株投資

値上がり益や高配当が期待できる
有望銘柄の見つけ方とは?

株式投資ってなんですか?

株価の値上がり益で儲ける!

ハジメ 投資といえば株、ですよね。ボクもやってみたいなぁ。まっつんサン、ミノリ先輩、ご指導お願いします!

ミノリ ちょっと、私もそんなに詳しいわけじゃないわよ。まっつんサン、まずは日本株投資からレクチャーお願いします。

まっつん 了解です! なんでも聞いてくださいね。

「株を買う」ことで会社のオーナーになれる

ハジメ えっと、そもそも株式投資ってなんでしょうか?

まっつん 株式投資は、将来成長が期待できると思う会社に出資して、その会社のオーナーになることだよ。例えば、今ハジメ君が着ている服はどこのお店のもの?

ハジメ ユニクロです。

まっつん もし、ユニクロを展開しているファーストリテイリング（9983）の株を買ったら、ハジメ君はユニクロのオーナーになれるんだ。

ハジメ えっ、そうなんですか?

まっつん といっても、買った株数分ね。株価は1株あたりの値段が表示されるけれど、実際に売買する時には100株単位で取引する。株式を取引する際の売買単位のことを単元株って呼んでいるよ。つまり1単元=100株。ただし例外もあって、1単元未満、例えば1株から取引できる証券会社もあるんだ。

ハジメ たった1株でもオーナーには違いないってことですね。

まっつん そのとおり。でも、例えばファーストリテイリングは、3億株以上の株式を発行しているから（2023年6月9日時点）、共同オーナーの1人だけどね。

ミノリ 1株なら、3億分の1の超プチオーナーね。

買った値段より高くなれば「値上がり益」が得られる

ハジメ 株式投資はどうやったら儲かるんですか?

まっつん　代表的な方法は「株価の値上がり益で儲ける」だね。株式の売買は証券会社を通じて証券取引所で行うことになるんだ。例えば、100円の時に買った株を、250円に値上がりした時点で売ったら150円の利益が得られるよね。

ミノリ　100株持っていたら1万5000円の利益ですね。

まっつん　買った値段よりも高い値段で売れば、利益を得られる。これを値上がり益（売却益、譲渡益）というんだ。もちろんその逆、つまり買った値段より安い値段で売ったら損失になる。

ハジメ　そうか。将来値上がりしそうないい会社の株を、安い時に買うことが大事なんですね。

まっつん　オーナーになって会社の成長を見守りつつ、株価が上がったら売却して利益を得る。株式投資の醍醐味だよ。

株価の値上がりが利益につながる

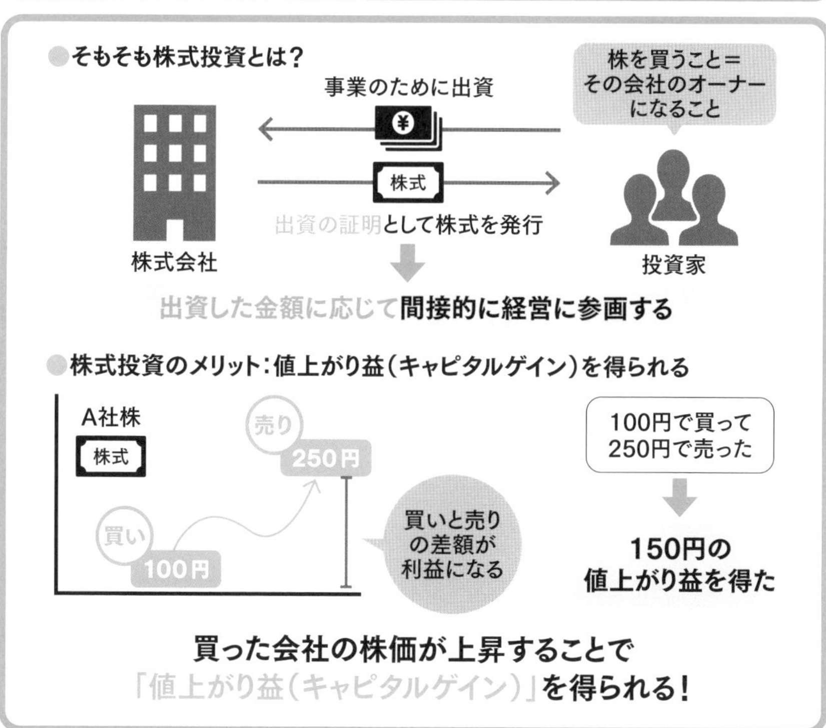

株式投資ってなんですか?

配当金と株主優待を受け取る!

利益の一部を株主に分配する「配当金」は株式投資の魅力

まっつん 儲け方はほかにもあるよ。株を買って（会社に出資して）オーナー（株主）になると、「配当金」を受け取ることができるんだ。

ハジメ それ、なんですか?

まっつん 会社はビジネス活動を行うことで利益を得ているよね。得られた利益は、会社がさらに事業を発展させて成長するための投資にも使われるけれど、その一部は出資者である株主にも分配されるんだ。それが配当金だよ。投資家の中には、たくさん配当金をくれる会社の株をずっと持ち続けて利益を得ている人もいるんだ。

ミノリ 配当金って、いくらくらいもらえるんですか?

まっつん 会社によって異なるよ。1年に1回、2回と配当金を出す回数も違う。業績に応じて毎年金額が変わることもある。株主総会で「今回はその金額でいいですよ」という承認を得て決まるんだ。ちなみに、配当金の金額は「1株あたり配当金」という形で表す。投資家は、保有する株数に応じてもらえる金額が決まる仕組みだよ。

ハジメ 業績が悪いと配当金は減ってしまうんですか?

まっつん そういう場合もあるね。前期よりも配当金が増えることを「増配」、減ることを「減配」、配当をしないことを「無配」と呼ぶ。投資先を選ぶ時は、何年も続けて増配している「連続増配銘柄」がオススメだよ。

自社製品などを株主に贈る「株主優待」という制度も

ミノリ 実は、私は株主優待が欲しくて株式投資を始めたんです。

まっつん 株主優待も株式投資の大きな魅力の1つだね。株主に自社の製品や、サービスが利用できる優待券などをプレゼントする制度なんだ。一般消費者向けの製品やサービスを扱っていない会社は、クオカードや図書券などの金券、プリペイドカード、または本社や工場がある地域の特産品をくれる場合もある。好きなものが選べるカタログギフトを送付するところもあるよ。

ミノリ 製紙会社や飲料系の会社とか、物価高だし本当に助かるわ!

まっつん そうだね。ただし、株主優待は任意の制度なので、すべての会社が実施しているわけじゃない。優待目的で株を買うなら事前にしっかり調べよう。配当が高くて株主優待も充実している会社は、投資先として魅力的だよ。

ハジメ しかも、株価が上がればもっといいですよね。

ミノリ ハジメ君、やる気満々ね!

まっつん じゃ、日本株投資について、もっと詳しく見ていこう!

配当金と株主優待の仕組み

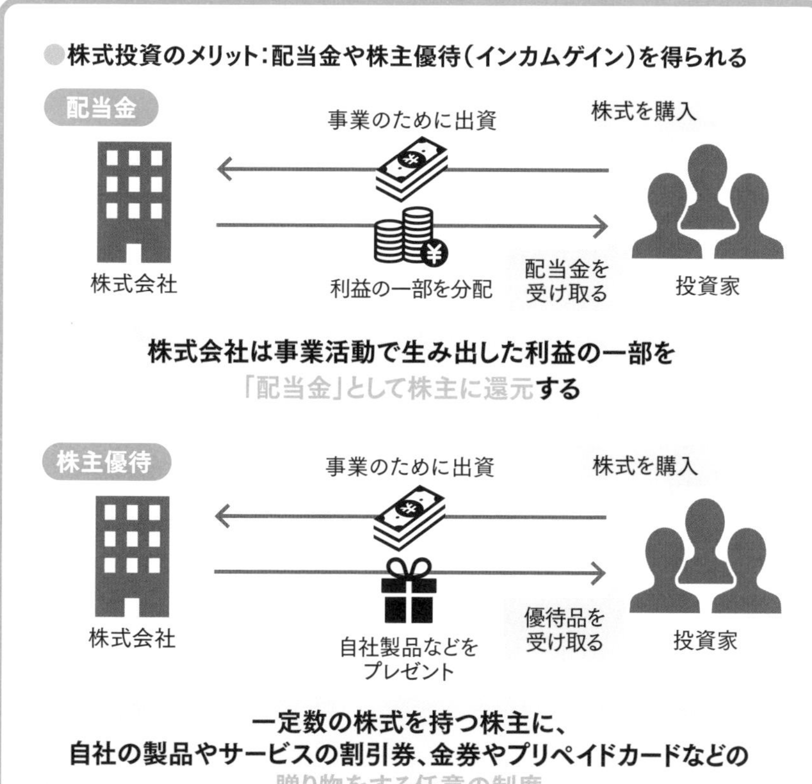

Lesson 1

株価が10倍以上になるテンバガーの魅力

株式投資の魅力は、なんといっても大きな値上がり益が期待できることだ。

右ページの株価チャートは、半導体用マスクブランクス欠陥検査装置で圧倒的な世界シェアを誇る会社、レーザーテック（6920）の過去10年間の株価の推移を表したもの。2013年3月の終値（調整後終値）と23年3月の終値を比べてみると、なんと約106倍にもなっている。

ちなみに、株価が10倍以上に成長した、あるいはすることが期待される銘柄のことを「テンバガー（Ten-bagger）」と呼ぶ。同社はまさにテンバガー銘柄の代表格といえるだろう。問題は、13年3月時点で将来性を見越して同社の株を買うことができたかどうかだ。

将来性をいち早く見抜ければ大きな利益を手にできる!

レーザーテックは、08年9月に起きたリーマンショックの影響で、09年6月期決算で赤字に転落している。同社ではこれをきっかけに、15年にわたる中期経営計画を策定。特定の分野での世界トップを目指す「グローバルニッチトップ戦略」、顧客ニーズに対応した最速の製品開発を実現する「スピード開発戦略」、開発に特化し、生産を外部に委託する「ファブライト戦略」という3つの経営戦略を掲げ、事業を半導体関連に集中することで経営基盤の強化に取り組んできた。

13年は、中期経営計画の第2段階「フェーズ1」の年だ。この段階で同社の将来性に気づいて投資することは難しいかもしれない。だが、例えば19年8月にJPX日経インデックス400に採用された頃に1株3000円前後で買っていたとしても株価は7倍になっていた。

もちろん、株式投資ではいつも利益が出るとは限らない。景気はいい時も悪い時もあるし、株価が急落することもある。だが、どんな環境下でも、新しい製品を開発したり、多くの人が利用したいと思うサービスを提供して成長を続ける会社は存在する。レーザーテックはその典型だ。

「半導体需要が高まる」というニュースから「レーザーテックが伸びそうだ」と連想できていたら、大きな利益が得られたかもしれない。その意味では、株式投資は知力の総合格闘技といっていいだろう。

10年で株価が約106倍に！ 業績も好調に推移！！

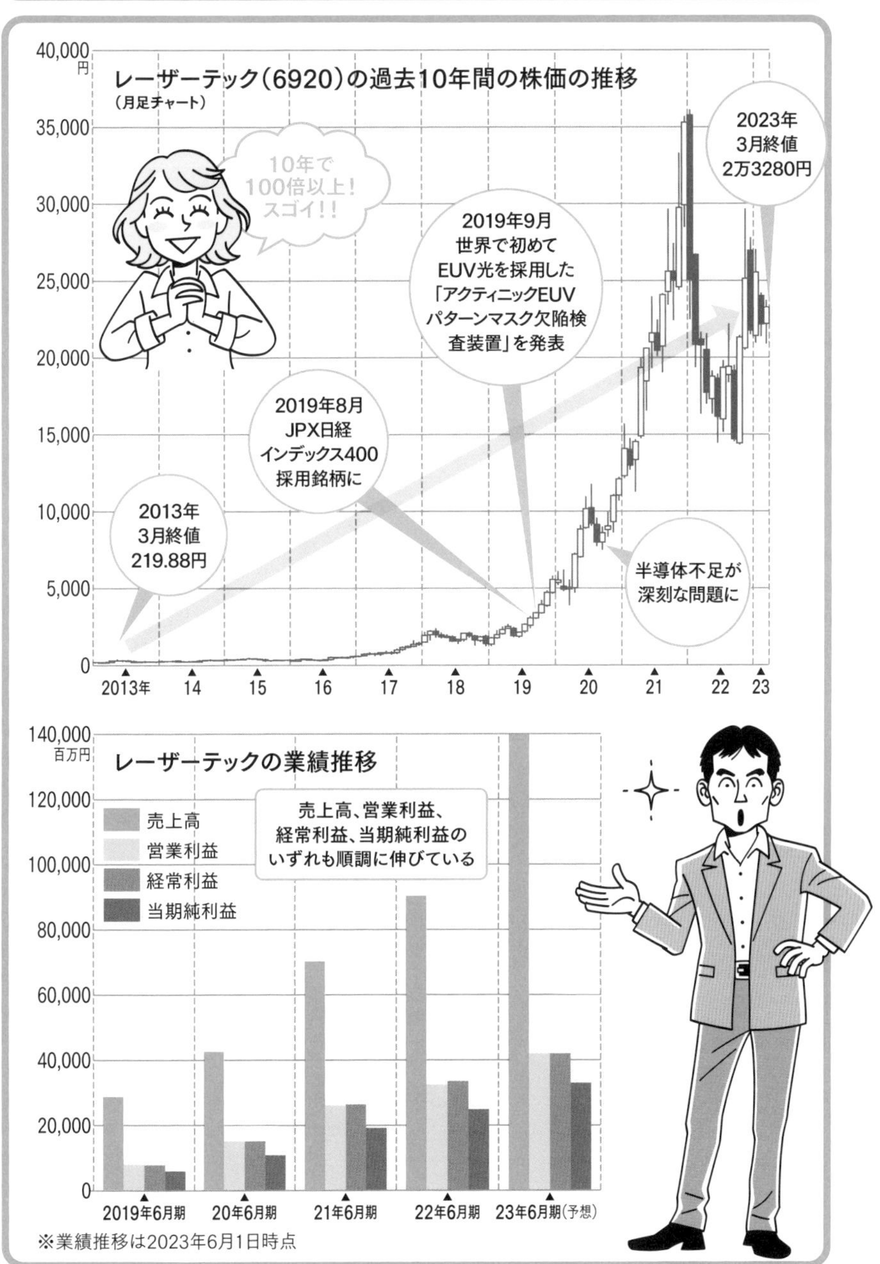

※株価チャートデータ出所：ブルームバーグデータよりマネックス証券提供

Lesson 2

こんなにある！株価が大きく伸びた成長株

テンバガー銘柄はまだまだある。例えば、業務スーパーを展開する神戸物産（3038）は、「大容量で安い！」が主婦層を中心に支持され順調に業績を伸ばしていたが、新型コロナウイルス感染拡大の影響で需要がさらに拡大。株価も大きく上昇し、5年で約6.1倍になった。

前述のレーザーテックのように、その時々で、世の中の人たちの「こんな商品やサービスがあればいいのに」「今ある商品やサービスよりもっと安いものがあればいいのに」というニーズに応えられた会社は成長する可能性が高い。会社が成長すれば、株価の上昇も期待できるだろう。

独立系コンサルティングファームのベイカレント・コンサルティング（6532）も同様だ。同社は、経営戦略の立案だけ、またはビジネスプロセスの改革だけを提案するのではなく、戦略立案から実行支援までを一貫して提供、企業経営者から支持されて業績を伸ばしてきた。株価も5年で約15.7倍になっている。

世の中の変化に対応する製品や技術を持つ会社は強い

世の中の変化に対応して、新しい製品や技術を提供する会社も成長する可能性が高い。グリーンエネルギーを手がけるAbalance（3856）は、持続可能な社会の実現が求められるなか、二酸化炭素削減や地球温暖化防止への期待から注目を集めてきた。昨今のエネルギー価格の高騰は、同社の株価をさらに押し上げる要因となり、株価は5年で約19.9倍に上昇した。

「半導体不足」や「生産性向上」といったニュースやキーワードが注目されたら、「そこに貢献できる企業」を探すという考え方もある。半導体などに使われる感光材の大手である東洋合成工業（4970）は、半導体関連銘柄として注目を集め、株価が大きく上昇した。各種センサの大手であるキーエンス（6861）の製品は、生産性と品質向上のためのキー・デバイスとして国内外で使用されている。ソニー（6758）は、家庭用ゲーム機の人気に加え、半導体工場建設のニュースでも注目され、株価が上昇した。

常にアンテナを立てて世の中の変化をキャッチし、そこから連想していけば、テンバガー銘柄は案外簡単に見つかるのかもしれない。

まだまだある！ テンバガー銘柄！！

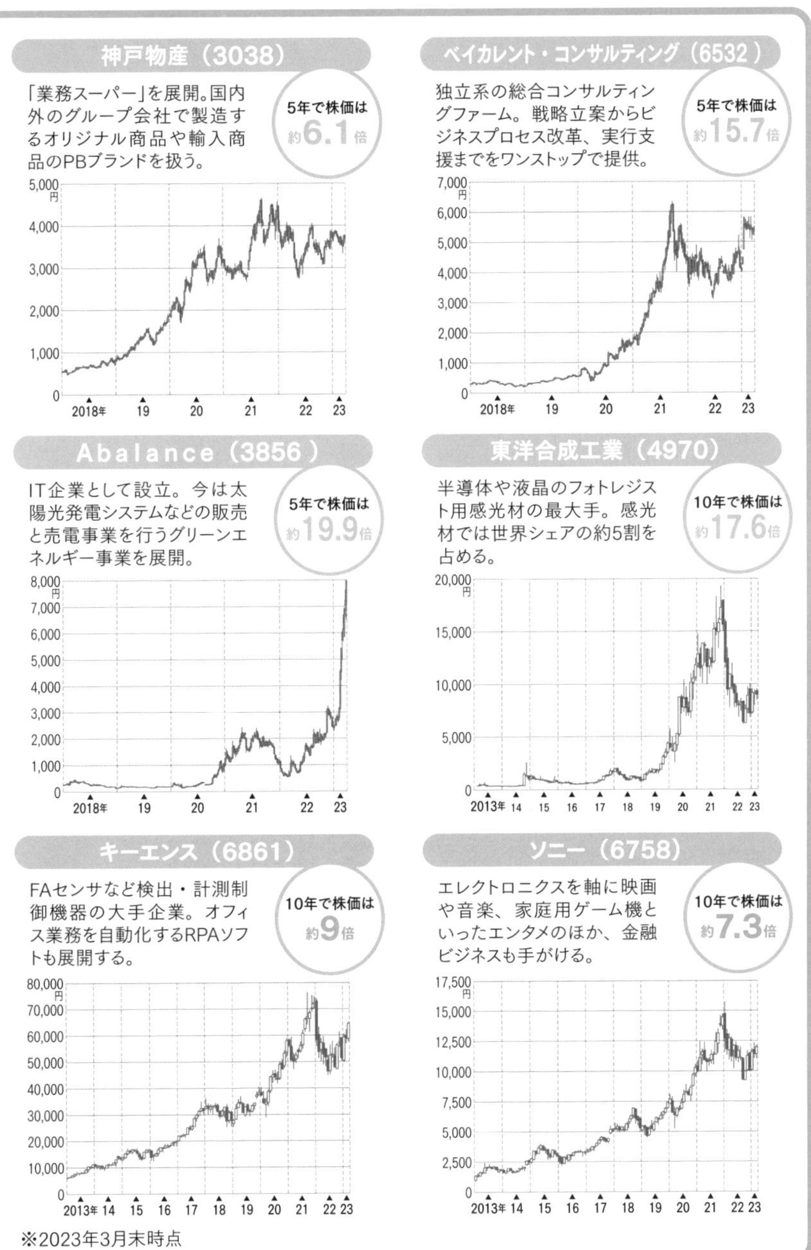

※出所：ブルームバーグデータよりマネックス証券提供

Lesson 3

株式の売買は証券取引所で行われる

ここで株式投資について、改めて説明しておこう。

そもそも株式投資とは、その事業を応援するべく会社に出資することだ。株式は出資の証拠であり、株主が会社から得られる権利を形にした証書でもある。

そして、株式の売買は証券取引所で行う。例えばソニーの本社に行って「株を買いたいのだけど……」と頼んだところで買うことはできない。証券取引所に上場している会社の株は、投資家同士が証券取引所で売買するものだからだ。といっても、投資家が直接買い手や売り手を探す必要はない。証券会社を通じて売買注文を出せば、買い手や売り手を探すことができる。

買いたい人が多い銘柄の株価はどんどん上昇していく

さて、証券会社に口座を開き、お目当ての銘柄に買い注文を出したとしよう。しかし、自分の希望どおりの値段で買うことができるとは限らない。証券取引所での売買は、競りやオークションと同じように、買いたい人と売りたい人が、それぞれ希望する価格（株価）と数量（株数）を出し合い、その条件が合ってはじめて取引が成立するからだ。言い換えると、「その価格と数量で売りたい」という人が現れなければ、あなたの買い注文は成立しない。この売買注文が成立することを「約定（やくじょう）」という。

さらに、証券取引所で取引される株式の数には限りがある。そのため、その会社の株を売りたい人に対して買いたい人が多い場合は、価格が高くなっても手に入れようとするので株価が上がりやすい。ネットオークションで、人気の出品物の価格がどんどん上がるのと同じことと考えればわかりやすいかもしれない。

もちろん、反対の場合もある。買いたい人に対して売りたい人が多くなると、株価はどんどん下がってしまう。こういった仕組みから、株価の動きを人気投票に例えることもある。

東京証券取引所には3つの市場がある

日本には、投資家が株式を売買する証券取引所が4カ所ある。札幌証券取引所、東京証券取引所、名古屋証券取引所、福岡証券取引所だ。このうち、最も多くの上場企業の株式を取り扱っているのが東京証券取引所（東証）だ。

東証の市場は3つ。世界的な大企業が多く上場するプライム市場、主に国内向けビジネスを展開する大〜中企業が上場するスタンダード市場、そして成長期待の大きい新興企業が上場するグロース市場だ。なお、市場ごとに上場維持の基準があり、それをキープできない場合には上場廃止の可能性もある。

東京証券取引所の3つの市場

ボクはグロース市場狙い!

		プライム市場	スタンダード市場	グロース市場
銘柄数		1835	1441	529
市場の特徴		上場・上場維持基準が最も厳しいため、安定感のある企業が揃う。	「日本経済の中核」と位置づけられた市場。中型株が中心。	スタートアップなど新しい技術、ビジネスモデルを展開する企業が多い。
上場維持基準	株主数	800人以上	400人以上	150人以上
	流通株式	・流通株式数 2万単位以上 ・流通株式時価総額 100億円以上 ・流通株式比率 35%以上	・流通株式数 2000単位以上 ・流通株式時価総額 10億円以上 ・流通株式比率 25%以上	・流通株式数 1000単位以上 ・流通株式時価総額 5億円以上 ・流通株式比率 25%以上
	売買代金	1日平均売買代金が0.2億円以上	月平均売買高が10単位以上	月平均売買高が10単位以上
	純資産の額	純資産の額が正であること	純資産の額が正であること	純資産の額が正であること 時価総額：40億円以上（上場10年経過後から適用）
代表的な銘柄		トヨタ自動車、ソニーグループ、キーエンス、エレコム、三菱UFJフィナンシャル・グループなど	日本マクドナルドホールディングス、ワークマン、大正製薬ホールディングス、セリアなど	ビジョナル、フリー、弁護士ドットコム、GMOフィナンシャルゲート、ライフネット生命保険など

※2023年5月31日時点

Lesson 4

利益を投資家に分配する配当の仕組み

会社の目的は、よりよい商品やサービスを生み出し、世の中に提供することで人々の生活を便利で豊かなものにし、利益を得ることにある。

しかし、商品やサービスを生み出すには、元手となる資金が必要だ。それを用意する手段として会社は株式を発行し、多くの人からお金を集めるというわけだ。これなら、高い利子を払って銀行などからお金を借りるよりも効率的に資金調達ができるだろう。

ただし、なんのメリットもなかったら、よく知らない会社に誰も出資しようとは思わない。そのため会社は、出資してもらう代わりに、株主に対して利益の一部を分配する。これが「配当金」だ。

「配当金」と「内部留保」はどちらも株主のためのもの

ところで、会社の「利益」とはなんだろう。それは、売上げなど会社に入ってくるお金（収益）から、原材料を買うお金や社員などに支払う給料、賃料、研究開発費、借入金の支払利息といった生産活動に使われるお金（費用）を差し引き、さらに税金を引いて残ったお金のことだ（当期純利益または最終利益という）。

では、その利益はすべて配当金として株主に還元されるのだろうか。実はそうではない。配当金のほかに「内部留保」として蓄えられるお金がある。

内部留保とは、もっといい商品やサービスを開発、製造するための設備投資や、経営危機に備えるため会社内にキープされるお金のこと。この内部留保を活用することで、さらに多くの利益をあげられるようになったり、コロナショックのような突発的な出来事で損失が出ても経営を支えることができる。

投資家の中には、「会社の利益は株主のものだから、すべて配当金に回せ」という人もいるかもしれない。しかし、内部留保は、会社が株主から預かり、今後の成長やいざという時に備えるために使うお金といえるのだ。つまり、内部留保も合わせて、会社の利益はすべて株主のものになっているというわけだ。

なお、利益のごく一部は、役員のボーナスにも充てられる。適正なボーナスを得て役員のモチベーションが上がり、さらにいい経営をしてくれるなら、投資家にとっても喜ぶべきことだろう。

会社の利益と配当金の関係

●会社の利益

収益 …売上げなど会社に入ってくるお金
費用 …生産活動に使われるお金
利益 …収益から費用を引いたお金

収益
費用
利益

内部留保 — 会社の将来のために蓄える利益
配当金 — 株主への利益の還元
役員賞与 — 役員への賞与

●利益（当期純利益）＝内部留保＋配当金＋役員賞与

内部留保

設備投資

経営危機などへの備え

会社を強くし、さらなる成長につなげるためのお金

役員賞与

役員

利益の一部からボーナスをもらおう

好業績に貢献した役員にボーナスを支給

配当金

これからも頑張るから応援よろしくね

株式会社

配当金

株主

出資者である株主に利益の一部を還元するお金

Lesson 5

配当利回り4%以上の企業も!

配当金について、もう少し詳しく見ていこう。28ページで説明したとおり、配当金は会社が利益の一部を株主に分配するもので、保有する株数に応じた配当金を受け取れる。

高配当銘柄かどうかは「配当利回り」で判断する

ただし、配当金は毎回同じ金額とは限らない。決算期ごとに、会社の業績がよくなったり悪くなったりするため、配当金も増えたり減ったりする。利益のうちのどのくらいを配当金に充てるかも、それぞれの会社の方針によって異なる。そこで、その会社の株を買った場合、1年間でどのくらいの配当がもらえそうかを表す指標として「配当利回り」が使われる。

配当利回りは、1年間にもらえる「1株あたり配当金」を「株価」で割って計算される。例えば、不動産業のレーサム（8890）の場合、2024年3月期の1株あたり予想配当金は175円。それに対し、23年6月23日時点の株価は2967円なので、この時点での予想配当利回りは5.90%となる。これはかなり魅力的だろう。

配当金目当てで投資するなら3つのポイントをチェック

右ページの表は、23年6月23日時点で予想配当利回りが4%以上ある銘柄の例だ。売上高と経常利益の会社予想が前期比10%以上、つまり安定した成長が期待でき、かつ「配当性向」が35%以下という条件も加えてスクリーニングした。

一般的に、配当利回りが4%以上の会社は高配当銘柄といわれ、投資家の関心が高い会社となる。右表の銘柄は、まさに代表的な高配当銘柄といえるだろう。

ちなみに、「配当性向」とは当期純利益に占める配当金総額の割合のこと。配当性向が高い会社は、株主に利益を分配することに積極的な、株主のほうを向いた経営をしていると考えられる。

しかし、あまりに配当性向が高すぎるのも考えもの。設備投資にお金をかけず成長が滞ったり、リーマンショックやコロナショックのような想定外の出来事が起きた場合、手元に現金が少ないがために会社存続の危機に陥らないとも限らないからだ。配当性向の適正な目安は30～40%前後とされている。

配当金を目当てに株を買うなら、チェックするべきは3つ。予想配当利回りが高いか、業績が安定的に推移しているか、そして配当性向の割合が35%前後かだ。すべての条件に当てはまったら、投資を前向きに考えていいだろう。

配当利回りが4%以上の高配当銘柄

配当利回りの計算方法

配当利回り(%)＝1株あたりの年間配当金額 ÷ 株価×100

配当利回り4%以上の銘柄もたくさんある

レーサムの場合、配当金（予想）は1株あたり175円で、株価が2967円なので配当利回りは5.90%

銘柄名	銘柄コード	株価	配当利回り（予想）	売上高（前期比・予想）	経常利益（前期比・予想）	配当性向
レーサム	8890	2967円	5.90%	32.54%	30.73%	20.40%
新日本建物	8893	549円	5.46%	12.11%	33.88%	31.60%
アグレ都市デザイン	3467	1553円	5.02%	17.03%	13.42%	34.70%
LAホールディングス	2986	4285円	4.90%	64.36%	28.69%	31.20%
ホームポジション	2999	577円	4.85%	18.00%	19.44%	25.40%
オプティマスグループ	9268	1171円	4.70%	14.64%	46.19%	31.00%
宮地エンジニアリンググループ	3431	3935円	4.57%	14.47%	24.70%	31.00%
ムゲンエステート	3299	712円	4.49%	46.81%	23.00%	30.00%
ヨシコン	5280	1140円	4.47%	70.02%	45.86%	30.70%
フェイスネットワーク	3489	1622円	4.38%	28.77%	30.38%	26.10%

2023年6月23日時点

※配当利回り（予想）4%以上、売上高（前期比・予想）10%以上、経常利益（前期比・予想）10%以上、配当性向35%以下でスクリーニング。マネックス証券「投資情報」より

Lesson 6

株主優待は会社から投資家への贈り物

株主優待は、投資ビギナーでも見聞きしたことがあるだろう。一定の株数を保有する株主に対して、会社が自社製品や自社サービスの優待券、または金券などをプレゼントするものだ。これは日本独自の制度で、株式投資の大きな楽しみの1つになっている。

ただ、株主優待は会社に義務づけられた制度ではなく、「自社の製品をもっと知ってもらいたい」、あるいは「優待制度を通じて会社の知名度を上げ、より多くの個人投資家に株を買ってもらいたい」と考える会社が実施する任意の制度だ。会社によっては配当金のほうをより重視し、株主優待は実施しない方針のところもある。

店舗で使えるギフトカードや自社製品など魅力がいっぱい

右ページの表は、人気の優待品を提供している会社の一例だ。

家電量販店大手のエディオン（2730）では、100株以上を保有する株主に、グループ全店舗で使えるギフトカードをプレゼントしている。例えば、100～499株保有なら3000円分のギフトカードがもらえ、さらに株式を1年以上継続保有した場合には、1000円分が加算される。エディオンをよく利用する人には嬉しい優待品だろう。

コメダ珈琲店を展開するコメダホールディングス（3543）では、100株以上保有する株主にプリペイドカード「KOMECA」をプレゼントし、2月末と8月末の年2回、1000円（年2回で2000円）をチャージする。また、同社も長期保有優遇があり、毎年2月末時点で株式を3年以上継続保有し、かつ300株以上の株主には、追加で年1回、1000円チャージする。

マヨネーズでおなじみのキユーピー（2809）では、100株以上を半年以上継続保有すると1000円相当の自社製品詰め合わせがもらえる。さらに、3年以上継続保有なら1500円相当になる。

株主優待制度のトレンド「長期保有優遇」に注目

この3社のように、長期保有優遇を導入している会社は多い。一定期間以上、一定数以上の株式を保有することで優待内容がアップグレードする仕組みだが、今や株主優待制度のトレンドともいえる。

会社としては、株を長期間保有してもらうことで安定株主を確保でき、株価が大きく変動したり、株を買い占められるリスクが軽減できる。一方、個人投資家にとっては、長期間株を持っているだけで優待内容がアップグレードするのだからこんなにオイシイ話はない。両者にとってとてもメリットのある仕組みなのだ。

長期保有優遇のある株主優待銘柄の例

銘柄コード	銘柄名	株価	予想配当利回り	権利確定月	優待内容（一例）
3543	コメダHD	2675円	1.98%	2月 8月	100株以上保有でプリペイドカード「KOMECA」に2000円チャージ。300株以上および3年以上継続保有で追加チャージ。
2730	エディオン	1414円	3.11%	3月	100株以上でエディオングループ全店舗で利用できる3000円分のギフトカード。1年以上継続保有で1000円分加算。
3036	アルコニックス	1373円	3.93%	3月	100株以上を1年以上継続保有で2000円相当の優待カタログギフトから1点、3年以上継続保有で2点もらえる。
9729	トーカイ	1836円	2.78%	3月	100株以上保有でトーカイオリジナルカレー3人前、1年以上保有でカレー3人前か1000円相当の岐阜県名産品等を選択。
7472	鳥羽洋行	3230円	3.72%	9月	100株以上を3年未満継続保有で1000円相当のQUOカード、3年以上継続保有で2000円相当に。
2809	キユーピー	2349.5円	2.13%	11月	100株以上を半年以上継続保有で1000円相当の自社製品詰め合わせ、3年以上継続保有で1500円相当に。

※2023年6月23日時点

Lesson 7

配当金や株主優待は売買スケジュールに注意！

配当金や株主優待を受け取る権利は、「権利確定日」に株主名簿に名前が記載されていれば確定する。つまり、権利確定日に株主でいる必要があるのだ。では、権利確定日はいつかというと、会社の決算日であることがほとんどだ。

配当金や株主優待を年1回行う会社は本決算、年2回行う場合は中間決算と本決算の日に権利確定日を設定していることが多く、その日に株主名簿に名前が記載されていなければならない。

ちなみに、月末が決算日という会社が多いが、中には月の途中に決算日を設定している会社もあるので、株を買う前にはしっかりチェックしたい。

「権利付き最終日」までに株を買って保有すること

権利確定日に株主名簿に名前が記載されるには、いつまでに株を買えばいいのだろう。実は、買い注文が約定しても、株主名簿が書き換えられるまでには2営業日もかかるのだ。そのため、配当金や株主優待の権利を得るためには、権利確定日の2営業日前までに株を買うことが必須となる。この日を「権利付き最終日」と呼ぶ。

例えば、権利確定日が31日の場合、権利付き最終日は2営業日前の29日になる。29日までに株を買い保有しておく必要があるのだ。もし、権利確定日が土曜や日曜、祝日と重なった場合には、実質的な権利確定日は前日に繰り上がるため気をつけたい。さらに、権利確定日が月曜だった場合には、2営業日前は木曜となる。「ややこしくて混乱しそう」と思う人もいるかもしれない。でも、大丈夫。証券会社のホームページには、権利確定日と権利付き最終日のスケジュールを掲載しているケースが多い。いつまでに買えばいいか迷ったら、チェックしてみよう。

「権利付き最終日」に向けて株価は上昇する傾向がある

権利確定日に株主名簿に名前が載っていれば権利は確定するので、権利付き最終日の翌営業日に株を売ってしまっても配当金や株主優待をもらうことができる。この、権利付き最終日の翌営業日を「権利落ち日」と呼ぶ。

注意したいのは、配当利回りが高い会社や、優待品が人気の会社は、権利付き最終日に向けて株価が上昇し、権利落ち日に大きく下落する傾向があるということ。

配当金や株主優待が目当てで株を買うなら、こういった値動きは気にせず中長期で保有すればいいだろう。しかし、配当金や株主優待はオマケで、値上がり益を狙うのであれば、株価が高騰しがちな権利付き最終日直前で株を買うのは避け、権利落ち日以降に買うのがオススメだ。

配当金や株主優待を受け取るには？

●配当金や株主優待をもらうには「権利付き最終日」までに株を買う

権利付き最終日	株主権利を得るための最終約定日。 権利確定日の2営業日前
権利落ち日	権利確定日の1営業日前。 この日に売っても株主権利は得られる
権利確定日	配当金や株主優待などの権利が確定する日

●権利付き最終日、権利確定日の例

権利付き最終日も権利確定日も平日の場合

この日までに株を買う（29日） / この日に売っても権利は得られる（30日）

日	月	火	水	木	金	土
26	27	28	29	30	31	1
			権利付き最終日	権利落ち日	権利確定日	

2営業日前

土日をはさむ場合

この日までに株を買う（27日） / この日に売っても権利は得られる（28日）

火	水	木	金	土	日	月
25	26	27	28	29	30	31
		権利付き最終日	権利落ち日			権利確定日

2営業日前

Lesson 8

有望銘柄の見つけ方❶
―将来成長しそうな企業とは?

株式投資で利益をあげるにはコツがある。それは、「将来有望な会社を選んで、割安なタイミングで買い、値上がりしたら売る」ことだ。なんだ、そんなの当たり前じゃないか、と思う人もいるだろう。だが、その当たり前のことができないから儲からない人が多いのだ。

長期で着実に売上高と利益、そして株価を上昇させた会社

では、将来有望な会社とはどんな会社なのだろう。それは、売上高も利益も長期的に、安定して、伸ばしていくことができる会社だ。

例えば、ユニクロを展開するファーストリテイリング（9983）の場合、25年前の1997年8月期（本決算）では売上高750.2億円、営業利益52.63億円、経常利益55.10億円、当期純利益27.03億円、1株あたり利益113.4円だった。それが、2022年8月期では売上高2兆3011億円、営業利益2973億円、経常利益4135億円、当期純利益2733億円、1株あたり利益2675.3円に。25年で売上高は約30倍、当期純利益は約101倍になった計算だ。

もちろん株価も上がっている。97年9月1日に220円（株式分割調整後）だった株価は、23年6月1日の終値で3万2730円に。約149倍になったことになる。

「将来有望な会社」の情報は身近なところに溢れている

今、この数字を見て、「当時からユニクロは知っていたし、儲かっているだろうなと思っていたのに、なぜ株を買わなかったんだろう」と後悔した人もいるに違いない。つまり、「将来有望な会社」の情報は、案外身近なところにあるものなのだ。にもかかわらず、多くの人はそれを見逃してしまう。面白い会社だな、と気づき、業績などの情報を調べて、「この会社は成長する、株を買おう」と思って実行に移せるかどうかが、株式投資で儲けられるか儲けられないかの分かれ道となる。

身近なところに「将来有望な会社」を見つけるヒントがあることは、世界的に有名な投資家も言及している。全米ナンバーワンのファンドマネージャーといわれるピーター・リンチは、株式投資で成功するには「自分の知っているものに投資することだ」と言っている。「投資家としての強みは、すでにあなたが持っているものの中にある。土地勘のある企業に投資することによって、あなたの強みが生かされ、プロにも勝つことが可能になる」と。さらに、投資の神様と呼ばれるウォーレン・バフェットも「あなた自身がよく知っているものだけに投資するのが、成功への道である」と語っている。

将来有望な銘柄の情報は身近なところにある！

●株式投資で利益を得るには？

1. いい銘柄を選ぶ
2. いいタイミングで買う（安く買う）
3. いいタイミングで売る（高く売る）

●いい銘柄を選ぶには？

全米No.1のファンドマネージャーといわれたピーター・リンチの名言

誰もが株式市場を理解する知力を持っている。小学校5年生までの算数をやり遂げていれば、あなたにも絶対できる。自分の知っているものに投資することだ。個人投資家はもっと株式から、ファンドマネージャーよりもお金を儲けることができる。

投資家としての強みはウォール街のプロから得るものではなく、すでにあなたが持っているものの中にある。土地勘のある企業に投資することによって、あなたの強みが生かされ、プロにも勝つことが可能になる。

投資の神様と呼ばれるウォーレン・バフェットの名言

何に投資すればよいかと絶えず質問を受ける。それに対する答えは、誰の言うことも信じてはいけない。あなた自身がよく知っているものだけに投資するのが、成功への道である。

日常生活の中に
銘柄選びのヒントがある
よく知っているものに投資する

あのお店はいつも
混んでいるな！

あの新製品は
よく売れているゾ！

＋ 社会のトレンド
なども考慮する

Lesson 9

有望銘柄の見つけ方❷
―売上高や利益をチェックしよう

「将来有望な会社」を見分けるために欠かせないのが業績のチェックだ。これは主に「売上高」と「利益」が伸びているかどうかを見る。

さまざまな利益の中でも「当期純利益」に注目

売上高は、会社が商品やサービスを提供して稼いだ売上金額の総額。利益は、そこから費用を引いて計算される。この利益にはさまざまな種類があるが、株式投資では、「営業利益」「経常利益」「当期純利益」の3つが重要となる。

まず「営業利益」は、その会社が本業（中心となる事業）で稼いだ利益だ。「経常利益」は、営業利益に本業以外で稼いだ利益や損失を反映したもの。そして「当期純利益」は、例えば株式や土地などを売って得た利益など、その期に限って出入りのあったお金である「特別利益」や「特別損失」を反映し、さらに税金を差し引いた残りのことをいう。一般的に、「利益」は当期純利益を指すことが多い。また、28ページで触れたとおり、この当期純利益の一部が株主への配当の原資となる。

ちなみに、株式投資では当期純利益を、その会社が発行しているすべての株式の数（発行済み株式数）で割り算した「1株あたり純利益（EPS）」も重視される。

増収増益を続ける会社は投資先として優良といえる

業績は、過去と比べてどうか、将来どうなりそうかをチェックすることが大切だ。上場企業のホームページには投資家向けのIR情報があり、「業績・財務ハイライト」などで業績の推移を見ることができる。

右ページの表は、スーパーやコンビニ、食品加工業者向けのトレーなど食品軽包装資材の専門商社、高速（7504）の業績推移。

高速の場合、2019年10月の消費税増税の影響により、20年3月期に当期純利益が一時的に減少したものの、その前後は順調に業績を伸ばしている。このように「増収増益」が続いている会社こそが「将来有望な会社」である可能性が高い。売上高が伸びれば利益も伸びる可能性が高いし、利益が伸びれば配当金が増える可能性も高い。さらに、増収増益が続く会社は投資家の人気が高まり、株価が上昇することで値上がり益を狙える可能性も高いからだ。

有望銘柄を見つけるには業績をチェック！

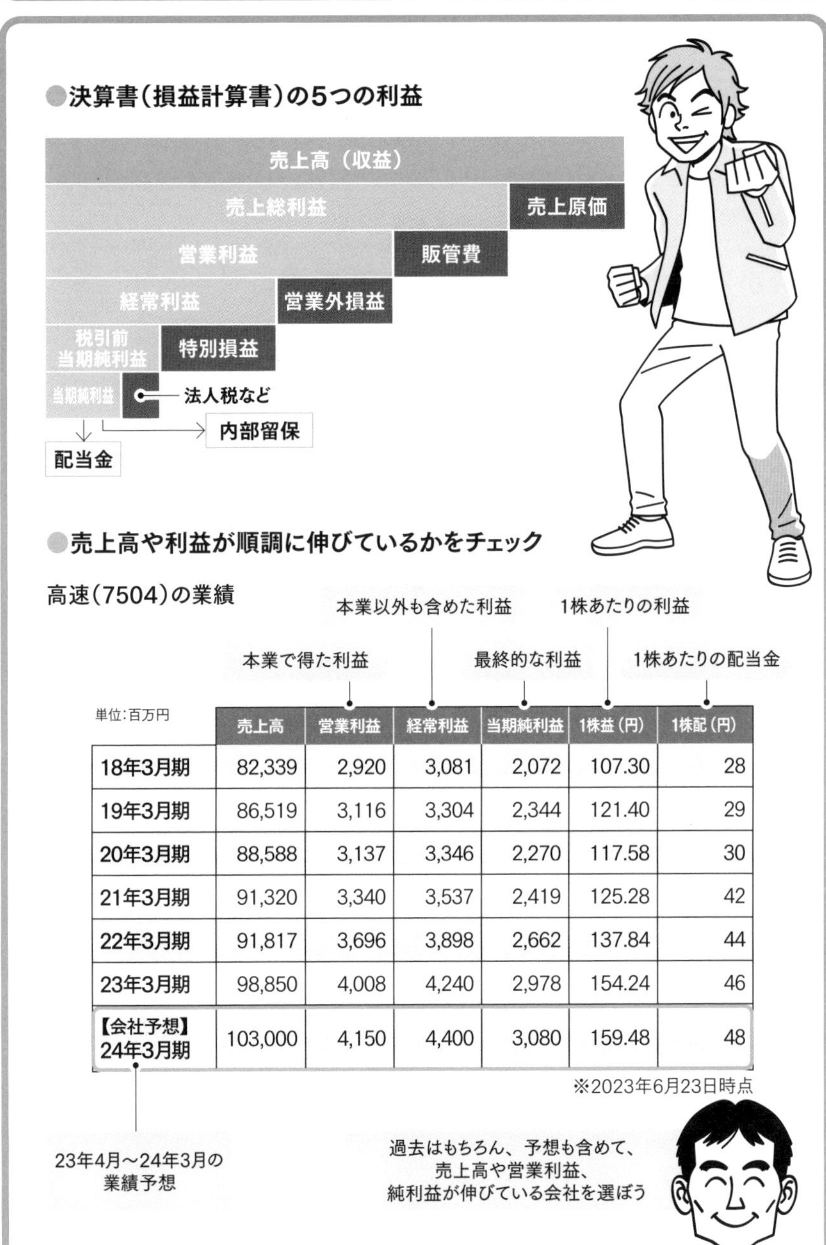

	売上高	営業利益	経常利益	当期純利益	1株益（円）	1株配（円）
18年3月期	82,339	2,920	3,081	2,072	107.30	28
19年3月期	86,519	3,116	3,304	2,344	121.40	29
20年3月期	88,588	3,137	3,346	2,270	117.58	30
21年3月期	91,320	3,340	3,537	2,419	125.28	42
22年3月期	91,817	3,696	3,898	2,662	137.84	44
23年3月期	98,850	4,008	4,240	2,978	154.24	46
【会社予想】24年3月期	103,000	4,150	4,400	3,080	159.48	48

※2023年6月23日時点

Lesson 10

有望銘柄の見つけ方❸ ──「連続増配」銘柄は要注目

会社が順調に成長していれば、利益も順調に増える。そうなると、株主に分配される配当金も増えていく可能性が高い。そこで、投資する会社を選ぶ際には、毎年配当金を増やし続けている「連続増配」銘柄に注目したい。

業績が安定的に成長していて株主還元の姿勢も明確

連続増配銘柄は、必ずしも高配当銘柄とは限らない。しかし、毎年1円ずつでも配当金を増やせているということは、業績が安定的に成長していると考えられる。例えば、コロナ禍でダメージを受けながらも配当金を増やせた会社は、しっかりと利益を蓄積できていて、業績が一時的に悪化したとしても配当金を増やす余力があったということだ。

また、増配を続けている会社は、経営陣に株主重視の姿勢があるからこそ。事業で稼いだ利益を積極的に株主に還元する意思があるため、この先も増配を続ける可能性が高い。

さらに、連続増配をしている会社の株は比較的下がりにくいともいわれる。人気が高いだけに、すでに株価が高くなっているところが多いため、突発的な出来事で一時的に株価が下落しても、「安くなったら買いたい!」と狙っていた投資家が大勢現れるからだ。

これらの理由から、連続増配銘柄は、長期保有してじっくりと配当金を受け取りたい投資家にぴったりの有望銘柄といえる。

連続増配ランキングトップは花王の33年!

右ページの表は、20年以上連続増配を続けている会社のランキングだ。1位の花王（4452）は、なんと33年連続で増配を続けている。

同社は2023年12月期の会社予想では、年間配当金を150円としている。前期の148円から2円増となり、達成できれば34年連続で増配を続けることになる。13年の年間配当金が64円なので、この10年で約2.3倍になる見込みだ。この株を保有している株主は、なかなか手放したくないだろう。

2位のSPK（7466）は、自動車補修部品や産業車両を扱う専門商社で、25年連続で増配中。3位の三菱HCキャピタル（8593）は、三菱UFJリースと日立キャピタルが合併したリース会社で、24年連続で増配を続けている。両社とも、会社予想では今期も増配となっており、連続記録が伸びる見通しだ。

連続増配銘柄は、株価が下がりにくいだけでなく、安定成長を続けているため株価上昇ももちろん期待できる。銘柄選びの際はぜひ注目してほしい。

連続増配ができる会社は安定成長を続けている

連続増配企業の特徴

- 長期的に利益を伸ばしている
- 業績が一時的に下がっても配当金を出せるよう利益が蓄積されている
- 会社が株主還元を重視している

配当金は10年で2.3倍になる見込み

花王の1株あたり配当金の推移

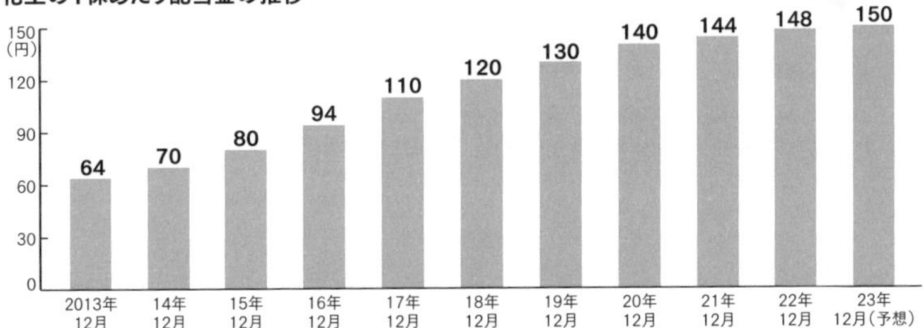

連続増配銘柄ランキング

	銘柄名	銘柄コード	連続増配年数	株価	予想配当額	予想配当利回り
1	花王	4452	33年	4936円	150円	3.04%
2	SPK	7466	25年	1681円	50円	2.97%
3	三菱HCキャピタル	8593	24年	765円	37円	4.84%
4	小林製薬	4967	23年	7880円	92円	1.17%
5	ユー・エス・エス	4732	23年	2273円	69.4円	3.05%
6	リコーリース	8566	23年	3850円	150円	3.90%
7	トランコム	9058	22年	6690円	132円	1.97%
8	ユニ・チャーム	8113	21年	5358円	40円	0.75%

※株価は2023年6月1日終値

Lesson 11

初心者でも大丈夫!
株価チャートの基本

ここまで「将来有望な会社」の見つけ方を紹介してきたが、そんな有望銘柄を「いいタイミング」で買うには、どうすればいいのだろう。活用したいのは株価チャートだ。株価の動きをグラフ化して見やすくしたもので、時間の進行とともに株価がどう変化したのかがわかる。

1本で株価の動きを可視化!「ローソク足」の見方を知ろう

株価チャートは「ローソク足」を使ったものが一般的。ろうそくのような形をした図形1本で、1日、1週間、1カ月といった期間の株価の動きがわかる。

どういうことかというと、その期間において、一番最初についた値段の「始値」、一番高い値段である「高値」、一番安い値段である「安値」、そして一番最後についた値段である「終値」という4つの株価を表しているのだ。

ローソク足の長方形の部分を「実体(本体・胴体)」、上下に伸びた線を「ヒゲ」と呼ぶ。

実体が白いローソク足を「陽線」といい、始値より終値が高い、つまり株価が上がってその期間の取引が終わったことを表す。実体の下辺が始値、上辺が終値だ。一方、実体が黒い「陰線」は、始値より終値が低い、つまり株価が下がってその期間の取引が終わったことを表す。実体の下辺が終値、上辺が始値となる。

また、実体の上に伸びたヒゲを「上ヒゲ」といい、上ヒゲの先はその期間の高値を表す。実体の下に伸びたヒゲは「下ヒゲ」といい、下ヒゲの先は安値を表す。

右ページにある陽線では、株価200円で取引が始まり、途中190円まで下落、その後250円まで上昇したが、240円で取引が終わったことがわかる。

陰線では、株価240円で取引が始まり、250円まで上昇したが190円まで下落し、200円で取引が終わったことがわかる。このように、ローソク足1本で、その期間の株価の動きが可視化できるのだ。

なお、1本のローソク足が1日の値動きを表すチャートを「日足チャート」、1週間なら「週足チャート」、1カ月なら「月足チャート」と呼ぶ。週足チャートや月足チャートで長期間の方向性を確認し、日足チャートで最近の値動きを把握するといった使い方をすることが多い。

ローソク足の基本的な見方

●ローソク足で株価の動きがわかる（日足の場合）

陽線（ようせん）（始値より終値が高い＝値上がりした）

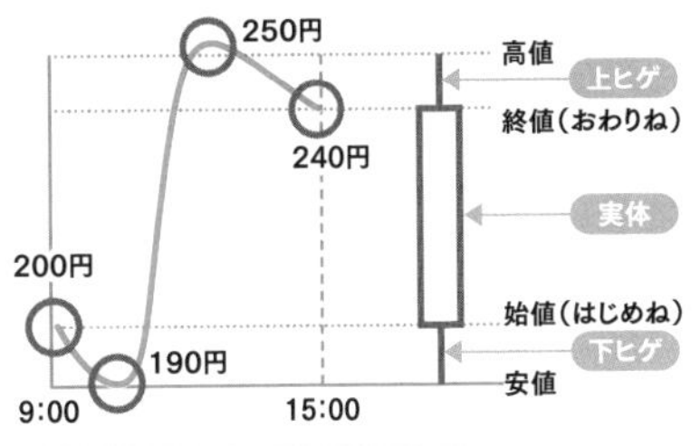

200円でこの日の取引が始まり、
240円で終わったことを意味する

陰線（いんせん）（始値より終値が安い＝値下がりした）

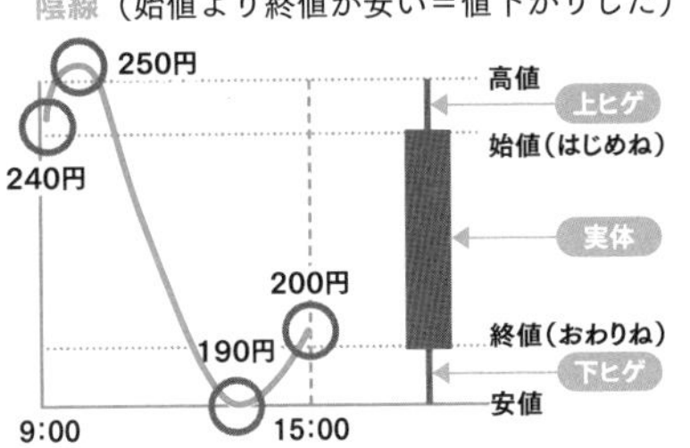

240円でこの日の取引が始まり、
200円で終わったことを意味する

●ローソク足の意味

4本値（よんほんね）

高値（たかね）	その期間で一番高い値段
終値（おわりね）	その期間で一番最後についた値段
始値（はじめね）	その期間で一番最初についた値段
安値（やすね）	その期間で一番安い値段

●株価チャートの見方

日足チャート：1日に1本のローソク足ができる
週足チャート：1週間に1本のローソク足ができる
月足チャート：1カ月に1本のローソク足ができる

Lesson 12

株価チャートは3つのトレンドをチェック!

株価チャートを見ることで、数値だけではイメージしにくい株価の動きが把握できる。例えば、現在の株価は過去と比べて高いのか、それとも安いのか。相場の方向性はどうなっているのか。勢いは強いのか弱いのかなどを視覚的に捉えられる。

上昇トレンド、下降トレンド、横ばいの売買ポイント

中でも重要なのが、株価の方向性（トレンド）をつかむことだ。トレンドは大きく3種類に分けられる。株価が小さな上げ下げを繰り返しながら上昇を続けている「上昇トレンド」、小さな上げ下げを繰り返しながら下降を続けている「下降トレンド」、そして小さな上昇と下降を繰り返す「横ばい（もみ合い）」だ。

上昇トレンドでは、一時的に株価が下がっても、その前につけた安値を割り込まず、さらに上昇する傾向がある。また、陽線の数が多いという特徴もある。つまり、上昇トレンドが継続している間は、どのタイミングで株を買っても、さらに上がる可能性がある。

一方、下降トレンドの場合には、一時的に株価が上がっても、その前につけた高値を抜けることがなく、さらに下落する傾向がある。陰線が多いのも特徴だ。下降トレンドの間は、どのタイミングで株を買っても下がる可能性が高い。

そして、横ばいが長く続いた場合、それが終了すると急激な上昇トレンドや下降トレンドに移行する可能性があるとされる。

こういった株価のトレンドが変わるタイミングを転換点といい、そこを機に横ばいから上昇トレンドなど値動きの方向性がダイナミックに変わる。株価チャートに転換点のサインが出ることもあるので、見逃さないようにしたい。

右ページの株価チャートに記した転換点①では、下ヒゲが長く、実体が短い十字のような陽線が現れた後、下降トレンドに転換している。転換点③では、上昇の勢いが強いとされる実体の長い陽線が出たあとで、十字のような陽線が出現し、上昇トレンドに入っている。

もちろん、チャートは絶対ではないが、上昇トレンドに転換した時、あるいは上昇トレンドが継続している時に買えば利益を得られる可能性は高い。そのチャンスを捉えられるようにしよう。

ローソク足のサインとトレンドの見方

●ローソク足のサインの例

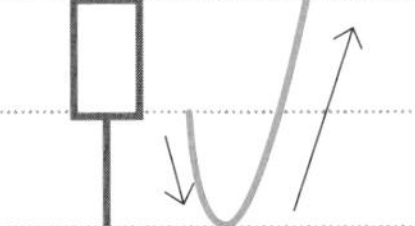

途中で下げたが、買い戻されて始値より上がった。上昇の勢いが強いとされる。

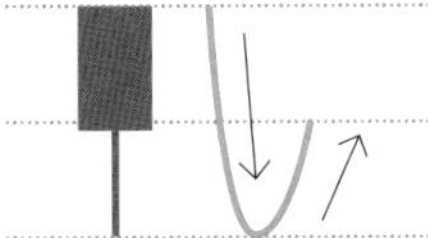

大きく下げたのちに買い戻されたが始値より下げた。下落の勢いが弱まったとされる。

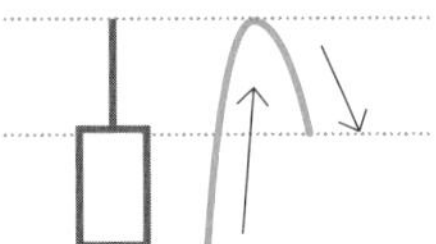

大きく上げたのちに売られたが始値より上がった。上昇の勢いが弱まったとされる。

始値から終値まで一気に上がった。上昇の勢いがとても強いとされる。

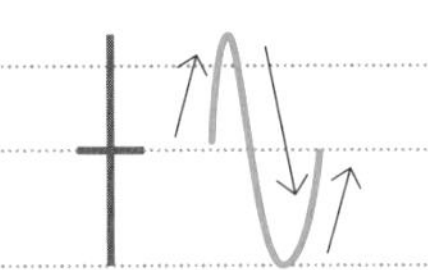

途中で上がり下がりしたが始値と同じ価格で終わった。相場転換のサインとされる。

●チャートで相場の方向性を見極める

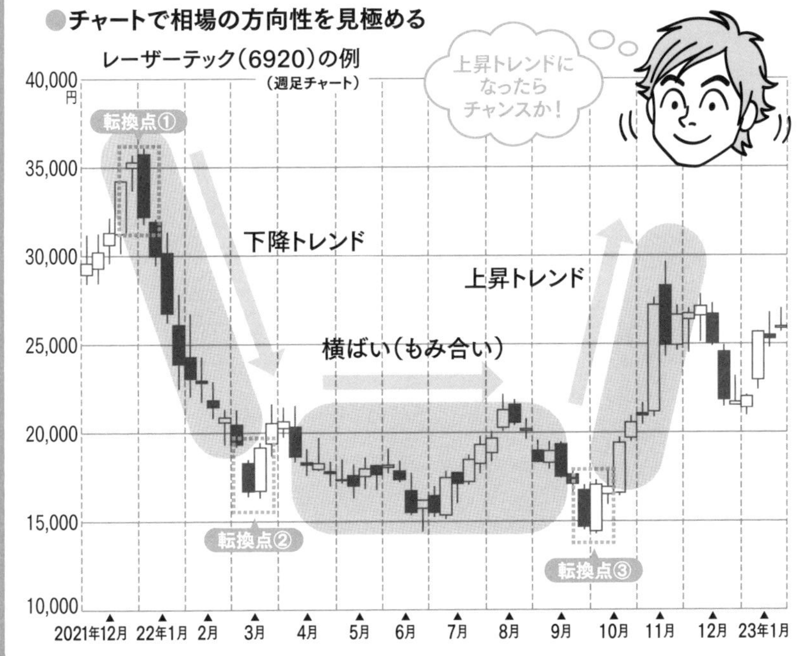

※株価チャートデータ出所：ブルームバーグデータよりマネックス証券提供

Lesson 13

株式投資を始めるなら NISA口座で

通常、株式は証券会社の特定口座や一般口座で取引され、値上がり益や配当金には税率20.315%が課税される。仮に、値上がり益が100万円だった場合、手元に残るのは79万6850円だ。仕方のないことだが、「課税されなかったら100万円を丸々手にできたのに……」と思う人は多いだろう。

2024年より新制度へ移行！ 話題のNISAを活用しよう

そんな人は、ぜひともNISA（少額投資非課税制度）を活用してほしい。これは、毎年一定金額の範囲内で、投資で得られた利益や配当金が非課税になる制度だ。「一般NISA」と「つみたてNISA」の2種類があり、株式投資で利用できるのは「一般NISA」だ。

2023年6月1日時点では、年間120万円までの新規投資資金から得られた値上がり益や配当金が最長5年間非課税になる。

なお、NISAは24年から新制度に移行する。これまでは「期限付きの措置」だったが、新制度では恒久化され、非課税保有期間は無期限に。非課税枠もグッと広がる。一般NISAは「成長投資枠」と名前が変わり、非課税枠は年間240万円と現行制度の2倍になる。しかも、現行制度では不可だった「つみたてNISA」に該当する「つみたて投資枠」との併用が可能になり、同じ口座で管理できる。

無期限になったことで、一人が一生涯に使える非課税保有限度額が設定され、簿価（ぼか）ベース、つまり購入時の価格で1800万円までとなった。ただし、成長投資枠での非課税保有限度額は、1800万円のうちの1200万円となる。

また、現行のNISAでは非課税枠の再利用ができなかったが、新制度では可能になる。利益が出ている銘柄を売って非課税枠に空きができたら、その枠で別の銘柄に投資できるのだ。

新制度でもNISA口座は1人1口座しか持

てないことには変わりない。また、23年に一般NISAで投資した商品は27年まで、新制度とは「別枠」として非課税枠で保有できる。ただし、非課税期間終了後に、保有している商品を「売らずに」新制度の口座に移すこと（ロールオーバー）はできない。新制度に関しては、最新情報を随時確認するようにしよう。

2024年からNISA制度はこう変わる！

●現行のNISA制度と2024年からの新制度の比較

	現行制度	新NISA
名称	一般NISA	成長投資枠
口座開設期間	～2023年	恒久
非課税保有期間	5年間	無期限
年間非課税枠	120万円	240万円
非課税保有限度額（総枠）	600万円	買付残高で1200万円
投資対象商品	上場株式、ETF、投資信託、REITなど	上場株式、ETF、投資信託*、REITなど
口座の利用	「つみたてNISA」と併用不可	「つみたて投資枠」と併用可能

＊①整理・監理銘柄、②信託期間20年未満、高レバレッジ型および毎月分配型の投資信託等を除外

※2023年6月1日時点

専門知識がなくても大丈夫
投資を始める前に覚えよう！

日本株投資の用語集

インフレ
（いんふれ）

インフレーションの略称。継続的に物価が上昇する状態。物の値段が上がる一方で、お金の価値が低下する。相対的に需要が供給を上回ったり、原材料価格や賃金が上昇することが要因とされる。

株価チャート
（かぶかちゃーと）

過去の一定期間の株価の推移をグラフに表したもの。株式投資をするうえで、売買のタイミングを知るための参考となる。

株式
（かぶしき）

会社が事業資金を調達するために発行するもの。出資してくれた人（出資者）に、出資を証明するものとして発行する証券。

株主優待
（かぶぬしゆうたい）

会社が株主に対して、持ち株数に応じて自社製品やサービスの割引券などを贈呈する制度。自社製品やサービスの知名度向上や、個人株主の安定化などを目的に実施される任意の制度。

権利確定日
（けんりかくていび）

配当や株主優待、増資や株式分割の割り当てなどの権利が株主に与えられることが確定する日。これらの権利を得るには、この日に株主名簿に登録されている必要がある。

権利付き最終日
（けんりつきさいしゅうび）

配当や株主優待などを受ける権利を得られる最終取引日。権利確定日の2営業日前にあたり、権利を得るには、この日までに株を買う必要がある。

証券取引所
（しょうけんとりひきじょ）

株式などの有価証券が取引される場所。証券取引所で売買される株式は、証券取引所の承認を得て上場している企業の株式に限られる。

単元株
（たんげんかぶ）

証券取引所で取引される基準となる株式数のことで、株主総会で権利行使が認められる株式数でもある。単元は、一定のルールをクリアすれば企業が自由に決められるが、日本の上場企業では投資家の利便性を考慮し100株に統一されている。

トレンド
（とれんど）

相場の大きな方向性や傾向。相場が上昇している状態を上昇トレンド、下落している状態を下降トレンドという。

NISA
（にーさ）

少額投資非課税制度。NISA口座で、毎年一定金額の範囲内で購入した株式や投資信託などの金融商品から得られる値上がり益や配当・分配金が非課税になる制度。一般NISAとつみたてNISAがあり、このうち一般NISAの年間非課税枠は120万円で、最長5年まで非課税で保有できる。2024年からは新制度に移行する。

配当金
（はいとうきん）

会社が稼いだ利益の一部を株主に分配するお金のこと。1株あたりの金額で示される。会社側の判断により、利益があっても支払われないこともある。普通配当が一般的だが、利益が増加した際の特別配当や、周年などを記念した記念配当もある。

配当性向
（はいとうせいこう）

当期純利益に占める年間の配当金の割合を示す指標。配当性向が低い場合、利益処分に余裕があることを示し、内部留保率が高いことを示す。

約定
（やくじょう）

株取引の売買が成立すること。例えば、証券会社で株の買い注文を出しても、それに応えてくれる投資家がいなければ取引が成立しない。買いたい人と売りたい人の条件が合い、取引が成立した状態を約定という。

Part 2

米国株投資

身近にある優れた商品やサービスは
米国企業のものが多い!

米国株はどうして注目を集めているの?

身近な会社がたくさんある!

ハジメ 最近、「米国株投資」って言葉をよく見聞きするんですよね。米国株でガッツリ儲けてFIREを実現した投資家もいるみたいだし。興味はあるんですけど、ボクは英語が得意じゃないし、外国の会社のことまでわかるかなって。

ミノリ 私も興味あるな。GAFAMとか投資したいよね。

ハジメ がーふぁむ? ミノリ先輩、米国企業のことまで知っているんですか?

ミノリ GAFAMは、グーグル、アマゾン、フェイスブック*、アップル、マイクロソフトの頭文字を取った呼び名よ。米国は私たちに身近な会社がたくさんあるの。

普段の生活に密着した米国企業の商品とサービス

まっつん そうだね。例えばハジメ君はハンバーガー好き?

ハジメ 大好きです。近所にあるマクドナルドによく行きますよ。

まっつん マクドナルドは、米国に本社があるファストフードチェーンだよ。本部はイリノイ州のシカゴにあって、米国の株式市場にも上場している。

ハジメ あっ、そうか。じゃあ、コカ・コーラも米国株ですか?

まっつん もちろん。コカ・コーラは61年連続で増配している優良企業なんだ。「投資の神様」と呼ばれる、ウォーレン・バフェットも保有しているよ。

ミノリ ほかにも身近な会社がいろいろありますよね。

まっつん 柔軟剤の「レノア」や消臭芳香剤の「ファブリーズ」などを製造・販売しているP&Gはプロクター・アンド・ギャンブルという米国の会社だよ。「フルーツグラノラ」が人気のケロッグや、コーヒーチェーン店のスターバックスもそう。あ、ハジメ君が今履いているスニーカーはナイキだね? ナイキも米国の会社。みんな米国市場に上場しているから、株を買うことができるんだ。

米国株投資は簡単! ネット証券ですぐにできる

まっつん 株式投資は、何をしている会社かわかっていることが大事。その会社が

*現在の社名はメタ・プラットフォームズ

まだまだ伸びそうかを判断するためにも、普段から接している会社を選ぶことが王道だよ。今、米国株投資が注目されている理由の1つでもあるね。

ミノリ それに、米国株投資って意外と簡単にできるんですよね？

まっつん そう。米国株といっても、日本の証券会社で売買できるんだ。ネット証券を中心とした一部の証券会社ではあるけれどね。米国企業の業績や決算など、投資情報もスピーディーに入手できる環境が整っているよ。

米国株には身近な銘柄がたくさんある！

ティッカーシンボル	企業名	主力ブランド
PG	プロクター・アンド・ギャンブル（P&G）	紙おむつ「パンパース」、柔軟剤「レノア」、消臭芳香剤「ファブリーズ」、ヘアケア「パンテーン」など。
JNJ	ジョンソン・エンド・ジョンソン（J&J）	救急絆創膏「バンドエイド」、洗口液「薬用リステリン」、保湿ケア「ニュートロジーナ」など。
K	ケロッグ	「コーンフレーク」「フルーツグラノラ」「オートミール」などのシリアル製品。
SBUX	スターバックス	コーヒーショップチェーン「スターバックスコーヒー」を展開。コーヒー豆の販売も。
UL	ユニリーバ	ボディウォッシュ「ダヴ」、ヘアケア「ラックス」、除菌クリーナー「ドメスト」など。
KO	コカ・コーラ	飲料「コカ・コーラ」「ミニッツメイド」など。
MCD	マクドナルド	ファストフードチェーン「マクドナルド」を展開。
GOOGL	アルファベット（google）	検索サイト「google」など。
AMZN	アマゾン・ドット・コム	eコマース「amazon」など。
META	メタ・プラットフォームズ（Facebook）	ソーシャルネットワーキングサービス「Facebook」「Instagram」など。
AAPL	アップル	スマートフォン「iPhone」、パソコン「Mac」など。
MSFT	マイクロソフト	パソコン用OS「Windows」など。
UBER	ウーバー・テクノロジーズ	フードデリバリー「Uber Eats」など。
TSLA	テスラ	電気自動車「テスラ・モデルY」など。
DIS	ウォルト・ディズニー・カンパニー	テーマパーク、アニメ映画など。
NKE	ナイキ	スポーツシューズ「Jordan」「Converse」など。

Lesson 1

強い米国株❶

S&P500は右肩上がりのトレンドが続く

米国株に注目する個人投資家が増えている。その理由は、米国企業の商品やサービスがより身近になっていることもあるが、何より米国株が好調で、強いからだ。

米国を代表する500銘柄で構成されるS&P500種指数を見ると（右ページ上の図）、利上げによる景気の先行き不安から2022年は下げたが、10年以上も右肩上がりのトレンドが続いている。特に20年以降は、コロナショックで瞬間的に下落したものの、米国の中央銀行にあたるFRB（連邦準備制度理事会）が大幅な金融緩和政策を行ったことで株式市場にお金が集まり、株価が大きく上昇した。米国株投資を始める個人投資家も一段と増えたのだ。

一時的な下落はあるが着実に成長する米国株。強さの秘密はどこにあるのだろう。

経済成長が続く米国は、今後も株価上昇が期待できる

米国株が大きく上昇する背景には、米国経済が強いことがある。世界最大の経済大国である米国には、世界各地からヒト・モノ・カネが集まり、経済をさらに活性化させ、強くしている。経済の大きさはGDP（国内総生産）で表されるが、米国のGDPは右肩上がり。今後も上昇が続くと見られているのだ（右ページ下の図）。

また、人口増加も経済成長の要因だ。人口が増えれば消費も増えることが期待できるからだ。例えば、日本は世界3位の経済大国だが、急激な少子高齢化が進んでいる。世界2位の中国も、同様に若い世代が減少し経済縮小が懸念されている。

これに対し、米国では人口が増え続けている。年代ごとの人口構成を表す「人口ピラミッド」を見ると、米国では50～60代と20～30代に山（人口が多い世代）があり、この20～30代が消費で経済を支えることが期待されている。

経済成長が続けば、景気の悪化などで一時的に株価が下がったとしても、いずれ上昇に転じる可能性が高い。S&P500など株価指数の下落局面は、むしろ投資を始めるチャンスなのかもしれない。

長期にわたって右肩上がりのトレンドが続いている

※出所：ブルームバーグデータよりマネックス証券提供

米国は経済成長が続いている！

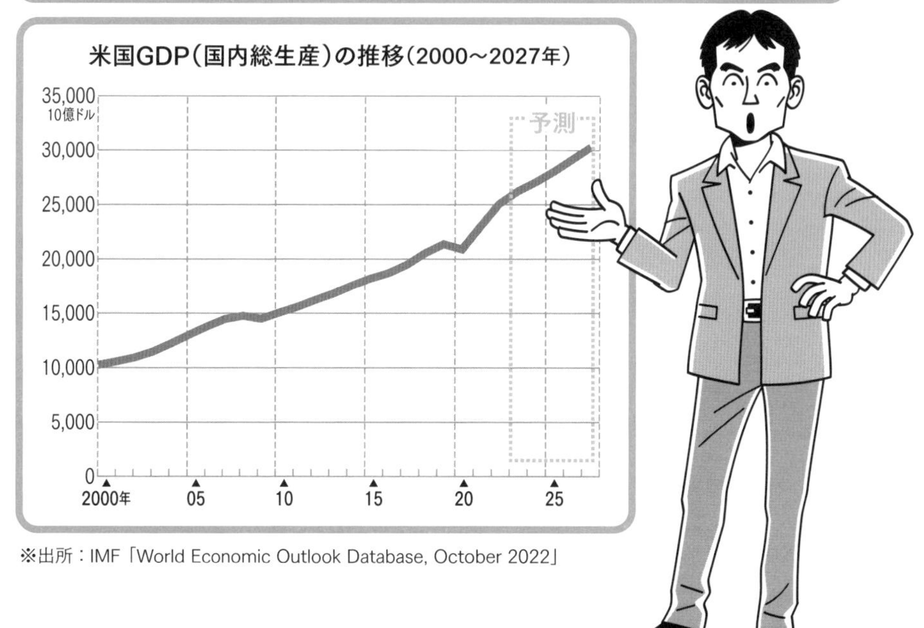

※出所：IMF「World Economic Outlook Database, October 2022」

Lesson 2

強い米国株❷

株価上昇の勢いが強い個別株

米国株が強い理由はまだある。世界中の投資家が注目し、「ここの株を買いたい!」と思う会社がたくさんあることだ。その好例といえるのが、世界のIT市場を牽引する「GAFAM(ガーファム)」(グーグル、アマゾン、フェイスブック《現メタ・プラットフォームズ》、アップル、マイクロソフト)だろう。

GAFAMのように、業績の伸びや事業拡大などによって将来の成長が期待できる銘柄を「成長株」と呼ぶ。成長株は、配当金を出さないか、出しても少額のところが多いが、会社が成長して利益が伸びれば、株価の大幅上昇につながる。

大きな値上がり益が魅力の身近な米国成長株

例えば、グーグル(アルファベット/GOOGL)の株価は、2010年1月から23年3月までに約7.8倍、アマゾン・ドット・コム(AMZN)は約16.5倍、アップル(AAPL)は約24倍に伸びている。

GAFAM以外の米国の成長株としては、ディスクリートGPUの設計などを手掛ける半導体メーカーのエヌビディア(NVDA)、イーロン・マスクが率いるEV(電気自動車)のテスラ(TSLA)などがある。エヌビディアの株価は上記と同期間で約72.1倍、テスラは10年6月の新規上場から約130.5倍になっている。

これらの会社は、誰もが「便利だ」「欲しい」と思う画期的な技術や製品、サービスを開発、提供して世の中を大きく変えてきた。今後もさらなる技術革新が期待され、投資家の心をつかんでいるのだ。

22年がそうだったように、景気の先行き不安からGAFAMのような成長株が売られやすくなることもある。しかし、さらなる高成長が期待できるとわかれば、また株価が上昇する可能性もある。まずはその会社の事業を知り、それが今後も伸びそうだと思うなら、次の大幅上昇に向けて株を保有しておくことが大事なのだ。

私もiPhoneを使っているし
アマゾンで買い物もしてる。
これからもまだまだ
株価は上がりそう!

株価上昇の勢いがスゴイ米国個別株（2010年1月との比較）

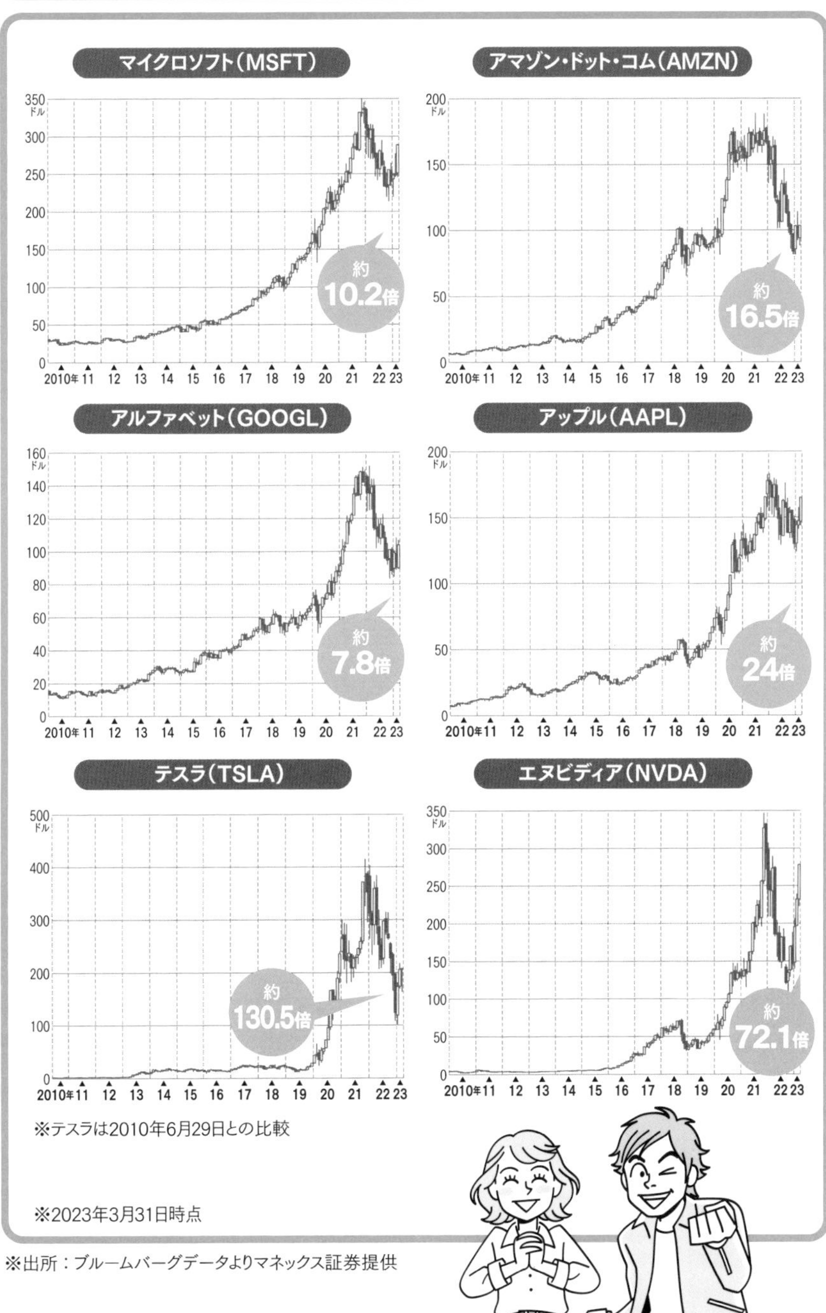

※出所：ブルームバーグデータよりマネックス証券提供

Lesson 3

米国株と日本株には異なる点がいろいろある

「将来有望な銘柄」を選んで、いいタイミングで売買するという点では米国株投資も日本株投資も同様だ。しかし、実際の取引ではいくつか異なることがある。

米国株は1株から取引OK！ 配当が年4回出る会社も

まず、日本株は単元ごと（100株ごと）に取引するが、米国株は1株から取引できる。そのため、数千円～数万円で買える優良銘柄も少なくない。

また、日本株では4桁の数字による証券コードで銘柄を識別するが、米国株ではティッカーシンボルを使う。アルファベット1～5文字からなり、企業名や商品名に由来する文字が使われる。アップルなら「AAPL」、コカ・コーラなら「KO」だ。

配当に関するシステムも異なる。日本の会社は、配当を実施する際、年1回配当（期末配当）か年2回配当（中間配当と期末配当）がほとんどだ。ところが米国では、四半期決算ごと、つまり年4回配当を出す会社が多い。

また、日本では3月期決算、つまり3月が会計期間の最終月である会社が多いのに対し、米国では12月期決算が多い。会計期間は1月から12月となる。

そして、気をつけなければいけないのが取引時間。そもそも日本と米国（証券取引所のあるニューヨーク）には時差がある。そのため、米国株の取引は日本の夜間に行われ、東部標準時では日本時間の23時30分から翌朝6時までが取引時間だ。さらに、米国では3月の第2日曜日から11月の第1日曜日まで夏時間（サマータイム）となり、この間は日本時間の22時30分から翌朝5時までが取引時間となる。

米国株にはストップ高やストップ安がない

日本の株式市場では、株価の暴騰、暴落を防ぐために、1日の株価の動きに「値幅制限」を設けている。値幅の上限に達することを「ストップ高」、下限に達することを「ストップ安」といい、ストップ高になるとそれ以上の価格、ストップ安になるとそれ以下の価格では取引できなくなる仕組みだ。しかし、米国株には値幅制限がなく、投資家を守るストップ高もストップ安もない。そのため、1日の間に急激に株価が動くこともある。

繰り返しになるが、米国株の取引時間は日本の夜間だ。寝ている間に大きな含み損を抱えてしまったという事態もあり得る。寝る前に損切り注文を入れるなどの備えも必要だろう。

米国株は1株から購入可能、ストップ高・ストップ安がない!

	日本株	米国株
取引単位	100株から	1株から
証券コード	4桁の数字	1～5文字の アルファベット （ティッカーシンボル）
取引時間	9:00～11:30、 12:30～15:00	【冬時間】 23:30～翌6:00 【夏時間】* 22:30～翌5:00 ※ともに日本時間
手数料	売買手数料	売買手数料＋ 為替手数料
1日の値幅制限	あり	なし ※ストップ高、 ストップ安がない
年間配当回数	年1回か2回が多い	年4回が多い
決算期	3月期が多い	12月期が多い

少額から投資できる銘柄も多い!

冬時間と夏時間の切替をする時期に注意!

株価だけでなく、為替変動にも注意したい!

リスク管理が大切!

＊3月第2日曜日から11月第1日曜日までが夏時間

Lesson 4

68年連続で増配し続けている銘柄も!

まずは、右ページの表を見てほしい。毎年連続で配当金を増やし続けている連続増配銘柄を、年数が多い順に並べた15社だ。

トップのアメリカン・ステイツ・ウォーター（AWR）は、カリフォルニア州を拠点に水道関連の公共事業を行う会社。なんと68年連続で増配を続けている。

日本でお馴染みの会社もたくさんある。プロクター・アンド・ギャンブル（PG）は、P&Gとして知られる一般消費財の大手、67年連続で増配中。ポスト・イットやテープなどで知られるスリーエム（MMM）は64年連続増配中だ。

米国の連続増配銘柄は配当利回りも比較的高い

米国では株主を、会社の成長をともに支えるパートナーとして考える傾向があるため、株主を重視する姿勢が強く、期待に応えるために魅力的な水準の配当金を出す高配当銘柄が少なくない。そのうえ、年4回配当を行う会社も多い。

ちなみに、米国にはS&P500種指数の採用銘柄のうち、25年以上連続で増配を続けている66銘柄（2023年5月末時点）を対象とした「S&P500配当貴族指数」という株価指数がある。米国では指数を作れるほど連続増配銘柄が多いのだ。

一方、日本では花王（4452）の連続増配年数がもっとも長く、33年だ。ほかに25年以上連続で増配を続けている銘柄はSPK（7466）の1社だけ。そのため、日本の連続増配銘柄には人気が集中し、配当利回りが低くなりがち。

しかし、米国では連続増配銘柄が多いため、人気も分散する。つまり、配当利回りが比較的高い連続増配銘柄も探しやすいというわけだ。右ページの表でも、ノースウエスト・ナチュラル・ホールディング（NWN）やスリーエム（MMM）は4%以上。連続増配10年くらいの会社であれば、配当利回り7%以上の会社も見つかる。

68年連続増配って
マジすごすぎる!!
投資したくなるゾ!

68年連続増配中の企業も！ 米国の連続増配企業

ティッカー	銘柄名	連続増配年数	企業概要	株価（予想配当利回り）
AWR	アメリカン・ステイツ・ウォーター	68年	カリフォルニア州を拠点とする水道および公益事業持ち株会社。	87.67ドル（1.8%）
DOV	ドーバー	67年	多角的な産業製造会社。廃棄物回収の収集車や商業用冷蔵庫などを製造。	147.73ドル（1.4%）
GPC	ジェニュイン・パーツ	67年	自動車部品および産業部品を販売。世界で約9800の店舗を持つ。	161.47ドル（2.4%）
NWN	ノースウエスト・ナチュラル・ホールディング	67年	米国の太平洋岸北西部、オレゴン州とワシントン州南西部で天然ガスを供給。	42.50ドル（4.6%）
PH	パーカー・ハネフィン	67年	多角化産業部門と航空宇宙システム部門からなる多様な複合企業。	369.10ドル（1.6%）
PG	プロクター・アンド・ギャンブル	67年	日用消費財の製造で世界最大手の1つ。P&Gブランドでお馴染み。	149.54ドル（2.5%）
EMR	エマソン・エレクトリック	66年	オートメーション機器および技術サービスを販売する世界有数の複合企業。	87.41ドル（2.4%）
MMM	スリーエム（3M）	64年	世界的な化学・電気素材メーカー。スコッチやポスト・イットでお馴染み。	104.54ドル（5.7%）
CINF	シンシナティ・ファイナンシャル	63年	損害保険、生命保険事業を展開する持ち株会社。商業リースや融資事業も。	100.90ドル（3.0%）
LOW	ロウズ・カンパニーズ	61年	大手ホームセンター運営会社。売上高の約75%をDIY顧客が占める。	217.08ドル（2.0%）
JNJ	ジョンソン・エンド・ジョンソン	61年	医療・ヘルスケア企業。医薬品、医療機器・診断、消費者関連の3部門。	164.23ドル（2.9%）
KO	コカ・コーラ	61年	アトランタに本社を置く、世界最大のノンアルコール飲料メーカー。	61.67ドル（3.0%）
CL	コルゲート・パルモリーブ	61年	消費財メーカー。シャンプー、デオドラント、ホームケア製品を製造。	77.78ドル（2.5%）
LANC	ランカスター・コロニー	60年	小売りおよび食品サービス業界向けに、専門食品を製造・販売する。	186.04ドル（1.8%）
NDSN	ノードソン	59年	接着剤、コーティング、シーラントや、ポンプなどの塗布機器を製造。	237.11ドル（1.1%）

※2023年6月16日現在　※株価と予想配当利回りは、マネックス証券「銘柄スカウター米国株」より

Lesson 5

米国株はどこで、どうやって取引する？

ここまで読んで、「すぐに米国株を買いたい!」と思った人もいるだろう。しかし、中にはハジメ君のように「英語ができないけど米国株って買えるの?」と不安に思う人もいるかもしれない。でも、大丈夫。米国株は日本の証券会社で取引することができる。もちろん、口座開設も、情報収集も、売買も、すべて日本語でOKだ。

どこで米国株投資を始めるか3つのポイントをチェック

ただ、どの証券会社でも取引できるわけではない。米国株の取り扱いのある会社だけだ。中でもコストが安く、取り扱い銘柄数も多いネット証券がオススメ。右ページに米国株取引ができる主なネット証券を挙げたので参考にしてほしい。

証券会社選びのポイントは3つ。取り扱い銘柄数、取引手数料および為替手数料、そして使いやすさだ。

米国株は証券会社によって取り扱う銘柄が異なる。買いたい銘柄の扱いがあるか、事前に確認しておこう。

手数料は当然安いほうがいい。米国株では取引手数料のほかに、円⇔米ドルに両替する為替手数料がかかる。この2つを事前にチェックすることが大事だ。

さらに、使いやすさも重要。例えば、リスク管理にもつながる注文方法は充実しているか、米国企業の情報は取りやすいか、取引ができるスマホアプリは用意されているかなど、実際に売買することを想定していろいろ調べておこう。

証券会社が決まったら口座開設だ。こちらも日本株の場合と大差ないが、証券総合口座と一緒に外国株式取引口座を開設する必要がある。といっても、ネット証券の場合は、証券総合口座を開くと同時に外国株式取引口座も開設できるケースが多い。完了したら入金して準備OKとなる。

なお、米国株の取引は「円貨決済」か「外貨決済」、どちらで行うかを選ぶ。円でも注文できるので、まさに日本株と同じ感覚で売買が可能だ。

米国株取引の準備と注文の流れ

外国株式取引口座を開設

米国株を扱う証券会社に口座を開設

日本円を米ドルに換える（円貨決済できる会社もある）

米国株は米ドルで取引するので、米ドルを用意する

米国株の取引画面で銘柄を探す

銘柄名やティッカーシンボルで検索する

業績やチャートをチェック

投資する前に、どんな企業か、業績は好調か、
タイミングはどうかを確認する

株数、注文方法を指定して発注

株数を入力し、注文方法（指値か成行かなどを選択、
指値の場合は値段を入れる）を指定。
注文の有効期間を指定し「注文」ボタンを押すだけ

米国株が買えるネット証券の例

	マネックス証券	楽天証券	SBI証券
取り扱い銘柄数	約4500銘柄	約4800銘柄	約5200銘柄
売買手数料（税込）	約定代金の0.495%（最低0米ドル、最大22米ドル）	約定代金の0.495%（最低0米ドル、最大22米ドル）	約定代金の0.495%（最低0米ドル、最大22米ドル）
為替手数料（1米ドルあたり）	片道25銭（買付時は無料）	片道25銭	片道25銭（住信SBIネット銀行を利用すると片道6銭に）

※2023年6月22日現在

専門知識がなくても大丈夫
投資を始める前に覚えよう!

米国株投資の用語集

S&P500種指数
(えすあんどぴーごひゃくしゅしすう)

米国の代表的な株価指数の1つで、S&Pダウ・ジョーンズ・インデックス社が算出する。ニューヨーク証券取引所やナスダックに上場する約500銘柄を時価総額で加重平均し、指数化したもの。

S&P500配当貴族指数
(えすあんどぴーごひゃくはいとうきぞくしすう)

S&P500種指数の採用銘柄のうち、25年以上連続で増配している銘柄で構成される株価指数。

FRB
(えふあーるびー)

連邦準備制度理事会(Federal Reserve Board)の略称で、米国の中央銀行制度である「FRS(連邦準備制度)」の最高意思決定機関。米国の金融政策の策定を行うほか、金融機関の監視機能も担う。

株価指数
(かぶかしすう)

株式市場全体や特定の銘柄群の株価の動きを表す指標。複数銘柄の株価を一定の計算式で総合的に指数化する。日本株では日経平均株価や東証株価指数(TOPIX)、米国株ではダウ平均株価(NYダウ)やS&P500種指数などがある。

金融緩和政策
(きんゆうかんわせいさく)

中央銀行が景気を回復させる目的で実施する金融政策で、政策金利を引き下げたり、資金の供給量を増やすこと。これに対して、経済活動を抑制する金融政策を「金融引き締め」と呼ぶ。

指値/指値注文
(さしね/さしねちゅうもん)

希望する売買価格を指定して発注する注文方法。買い注文の場合は上限価格、売り注文の場合は下限価格を指定する。

GDP
(じーでぃーぴー)

「Gross Domestic Product」の略で、国内総生産のこと。一定期間内に国内で生産された、サービスや商品などを販売した価格から原材料費や流通費用などを差し引いた付加価値の総額。国の経済状態や経済の規模を表す。

ストップ高、ストップ安
(すとっぷだか、すとっぷやす)

株価が値幅制限の上限まで上がることをストップ高、下限まで下がることをストップ安と呼ぶ。株価の急激な変動を防いで投資家を守る。

成長株
(せいちょうかぶ)

売上高や利益が年々大きく増加していて、今後も増加する(さらに成長が見込める)と予想されている株式。グロース株とも呼ばれる。

ダウ平均株価/NYダウ
(だうへいきんかぶか/にゅーよーくだう)

米国の代表的な株価指数の1つで、ダウ・ジョーンズ工業株価平均のこと。S&Pダウ・ジョーンズ・インデックス社が選定する、米国各業種の代表的な30銘柄で構成される。

成行/成行注文
(なりゆき/なりゆきちゅうもん)

売買を行う際に、値段を指定せずに注文を出す方法。成行買い注文の場合は一番安く売り注文をしていた人(一番価格が安い売り注文)と、成行売り注文の場合は一番高く買い注文をしていた人(一番価格の高い買い注文)と売買が成立する。

値幅制限
(ねはばせいげん)

株価の急激な変動を防ぐために、1日の株価の変動幅を、前日の終値または最終気配値を基準に、上下一定範囲内に制限すること。米国の株式市場には値幅制限はない。

米国株式市場
(べいこくかぶしきしじょう)

米国の株式市場は、世界最大の株式市場であるニューヨーク証券取引所と、ハイテク銘柄をはじめとする新興企業が多く上場するナスダックなどがある。米国の企業だけでなく、グローバルにビジネスを展開する世界の企業も上場している。

Part 3

投資信託

個人では難しい地域やテーマにも
プロの手を借りて投資できる

投資信託ってなんですか?

投資のプロが運用してくれる!

ミノリ　株主優待目当てで日本株投資はやっていますけど、正直言ってそれ以外の日本株や米国株投資は、やっぱり少し怖いと思ってしまいます。

まっつん　うんうん。そんな人はまず投資信託から入ってみたらどうかな。

少額で始められて、ファンド1本で分散投資が可能

ハジメ　投資信託ってどんな商品なんですか?

まっつん　たくさんの投資家から集めたお金を1つにまとめて、「ファンドマネージャー」と呼ばれる投資のプロが、株式や債券などに投資して運用する金融商品だよ。資金が大きいから、多くの銘柄に分散投資できるんだ。投資した銘柄が値上がりすれば利益を得られるし、値下がりすれば元本割れしてしまうという仕組みだね。ちなみに、投資信託を略して「投信」とか、英語で「ファンド」と呼ぶこともある。

ミノリ　投資のプロが運用……。ということは、大きな資金が必要なんでしょうか。

まっつん　いや、そんなことはないよ。一般的には1万円程度、金融機関によっては1000円から、積立なら100円から買えるところもある。少額で始められるうえ、1本で複数の銘柄やさまざまな資産に分散投資できるのが投信の最大の魅力だね。

ハジメ　1000円からOKなんだ。それならボクでも始められるぞ。投信はどこに行けば買えるんですか?

まっつん　証券会社や銀行などで買うことができるよ。

販売・運用・管理、3つの金融機関が関わる

ハジメ　証券会社や銀行の窓口に行けば、投資のプロに会えるんですか?

まっつん　残念ながら、そうじゃないんだ。投信には、「販売会社」「運用会社」「資産管理会社」と呼ばれる3つの金融機関が関わっていて、ボクたち投資家は証券会社や銀行などの販売会社を通じて投信を購入する。運用は、運用会社が行っているよ。ファンドマネージャーも運用会社に在籍しているんだ。資産管理会社は、運用

している資産を管理、保管するところで、信託銀行がこの役割を担っている。

ハジメ 投信を売っているところと運用しているところは別なんですね。

まっつん 運用会社が直接販売する「直販投信」もあるけれど、一般的には別だね。

ミノリ 3つの金融機関のどこかが倒産したら、どうなるのかしら？

まっつん 資産管理会社である信託銀行は、自社の財産と投信の財産（信託財産）を分けて管理することが義務づけられているし、運用会社が倒産した場合には他の会社が運用を引き継ぐか、お金が返される。販売会社が倒産したら、他の販売会社で取引できるから心配はいらないよ。

ミノリ それなら長期投資でも安心ね。

投資信託に関わる3つの金融機関の役割

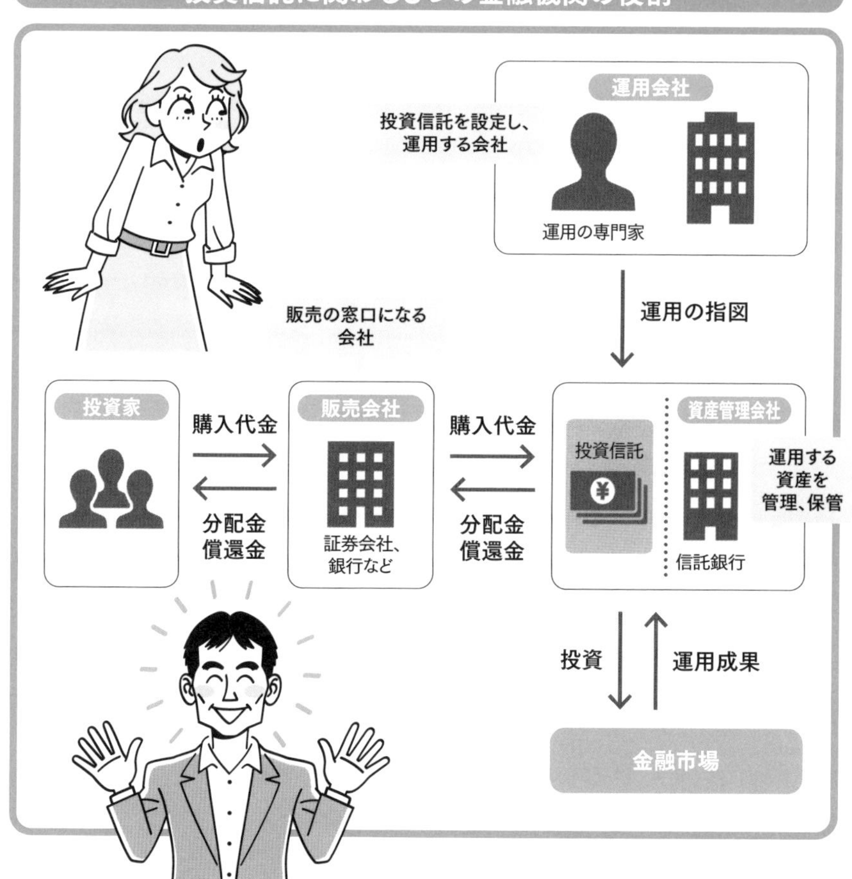

投資信託の5つのメリット

初心者にぴったりの魅力的な仕組み！

まっつん 投資信託の主なメリットは5つあるよ。

①少額から投資できる。②1本で分散投資できる。③投信のプロが運用してくれる。④個人では難しい投資先にも投資できる。⑤積立投資が簡単にできる。

ね、どれも初心者にぴったりでしょ。

ハジメ 確かに！ 詳しく教えてください。

難しい知識は必要なし！ 資産形成にも活用できる

まっつん ①と②は64ページでも説明したね。最低購入価格は金融機関によって異なるけれど、一般的には1万円程度。ただ、1000円からという金融機関もあるし、積立なら500円や100円などワンコインでOKなところもある。②は、投資家から集めた大きな資金で運用するため、1本の投信でさまざまな銘柄に分散投資が可能なんだ。そのため、価格変動リスクを軽減することが期待できる。

ミノリ いろいろな銘柄に投資したいなら投信を活用すればいいのね。

まっつん そして③だけど、投資のプロが運用してくれるから、投資に関する理論や銘柄の分析手法などを知らなくても大丈夫。

ハジメ お任せできるって楽チン〜。

まっつん ④も大きなメリットだよ。個人には投資することが難しい国・地域の株式や債券などにも投信なら簡単に投資できる。例えば、新興国の株式なんて個人で投資するのはハードルが高いよね。でも投信ならそれが可能になるんだ。そして⑤の積立。多くの投信は自動積立の設定が可能。少額でも毎月コツコツ積み立てることで、着実に資産形成ができるよ。

元本割れリスクやコスト面など、デメリットも理解しよう

まっつん ただし、デメリットもある。投信は株式や債券といった値動きのある資産に投資する。だから、それらの価格が下落すれば元本割れするリスクがあるんだ。

そして、購入時や保有中に、ある程度コストもかかってくる。

ハジメ あ、お任せ代?

まっつん そう。販売、運用、管理で3つの金融機関が関わっているうえ、運用をプロに任せるからね。それに対するコストが発生するよ。

ミノリ うーん。でも、全部やってもらっているのだから、しょうがないわよね。

まっつん また、投信は1日1回だけ値段が算出される。つまり、株式のように取引時間中ならいつでもリアルタイム価格で売買できるわけじゃないんだ。

ミノリ つまり、機動的な売買はできないんですね。

まっつん そう。でも、これらのデメリットを補って余りある魅力を持っているよ。

投資信託の5つのメリット

1 少額から投資できる

1万円など少額から投資できる。金融機関によっては1000円からでもOK。

2 1本で分散投資できる

世界中の株式や債券など、さまざまな資産に分散投資できる。

3 投資のプロが運用

投資のプロがどんな銘柄にいくら投資するかを決めて、実践してくれる。

4 高度な投資ができる

個人では投資するのが難しい国や地域、資産にも簡単に投資できる。

5 積立投資が簡単にできる

一定の金額およびタイミングで自動的に買付ける積立投資ができる。

投資信託にはデメリットもある

1 元本保証がない

株式や債券をはじめとする値動きのある資産に投資するため、元本割れの可能性がある。

2 コストがかかる

複数の金融機関が関わり、運用を専門家に任せるため、比較的割高な手数料が発生する。

3 機動的な売買はできない

取引終了後に基準価額を公表するため、株式のようにリアルタイムでの取引はできない。

Lesson 1

投資信託の値段はどう決まる?

投資信託の1口あたりの値段のことを「基準価額」と呼んでいる。投資家が、投信を購入、換金（解約や売却）する際には、この基準価額で取引することになる。ちなみに、投信を取引する単位は「口（くち）」で表される。株式投資でいえば「株数」のようなものだ。

一般に、投信は1口1円で運用が開始され、運用成果によって1口の値段が上がったり下がったりする。その際公表される基準価額は、1万口あたりの価額となることが多い。運用会社の資料やウェブサイトを見ると、基準価額が1口あたりなのか、1万口あたりなのかが書かれているのでチェックしてから取引を始めよう。

投資信託の基準価額は1日に1回計算し公表される

証券取引所に上場している株式の場合、取引が行われている間は株価が刻々と変化し、投資家はリアルタイム価格で株式を売買することができる。

しかし、一般的な投信の基準価額は、その投信が組み入れている株式や債券などの時価評価を基に、1日1回計算、公表される。つまり、投信の基準価額は1日に1つだけなのだ。投資家は、その基準価額で投信を購入、換金することになる。しかも、その日の基準価額が計算、公表されるのは、投信の取引の申込みが終わったあとになる。

例えば、国内株に投資する投信の場合、証券取引所での取引が終了した15時以降に算出、公表される（右ページ上の図参照）。もちろん、外国株に投資している場合には、その日の外国株の取引が終了したあとで算出されることになる。投資する国によっては、基準価額の公表が翌朝以降になる場合もあるのだ。

一方で、投信を取引（購入・換金）する場合には、当日の15時までに申込み（注文）をする必要がある。15時をすぎてしまった場合には、翌営業日以降に注文を出したものとして扱われる。

取引する時点では基準価額がわからない

つまり、投信は申込みが締め切られたあとで基準価額が計算され、公表されるというわけだ。投資家は、いくらで取引できるのかわからない状態で注文を出すことになる。これを「ブラインド方式」と呼んでいる。もし、基準価額がわかったうえで投信の注文ができると、既存の投資家の利益が阻害されるため、このような方式が採用されている。

なお、基準価額の算出方法は下図のとおりだ。投信が組み入れている株式や債券などすべての資産（元本）を、その日の時価で評価。そこに配当や利息などの収入を加え、信託報酬などの費用を差し引いて「純資産総額」を計算する。この純資産総額を、投信の総口数で割り算して、1万口あたりの基準価額が算出される。

取引する時点ではわからない投資信託の値段

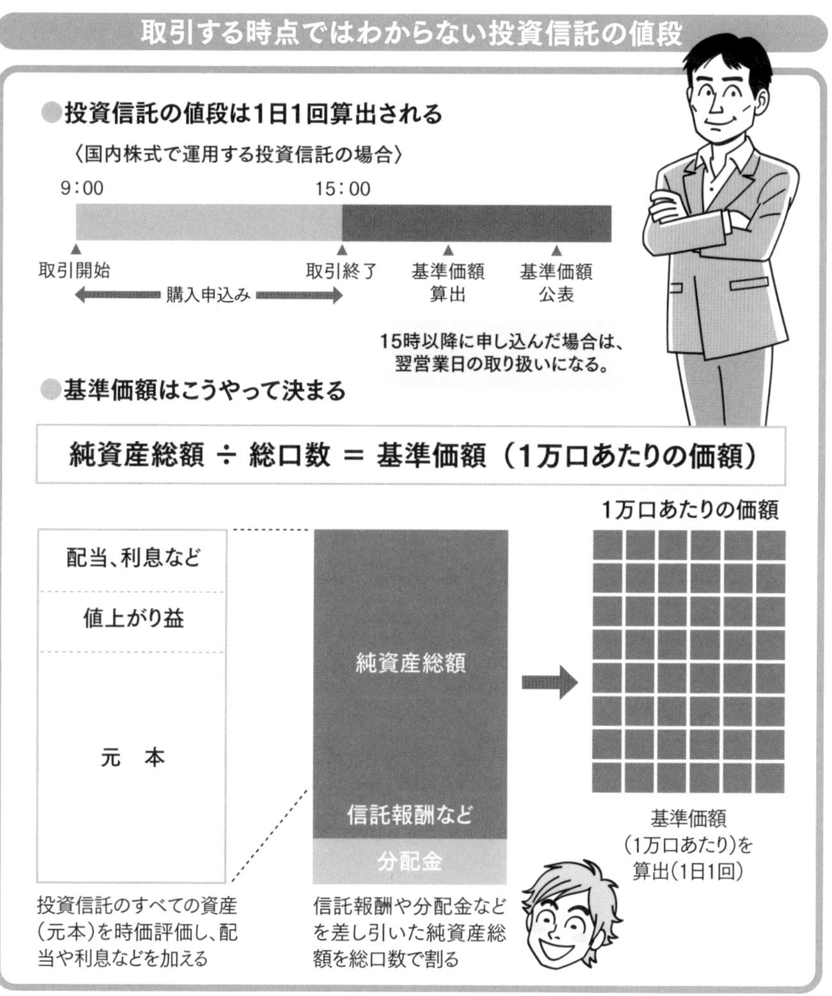

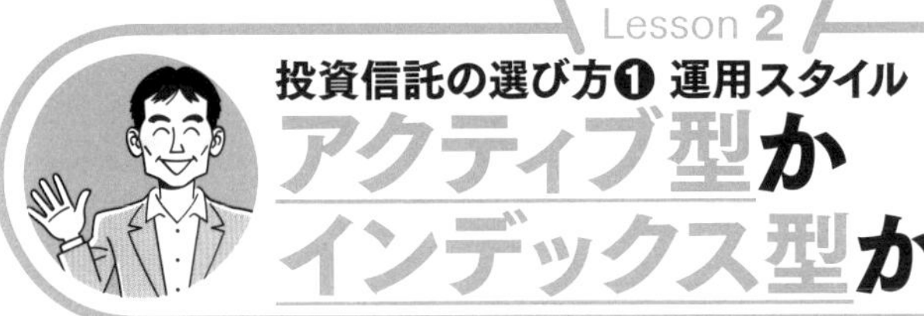

Lesson 2

投資信託の選び方❶ 運用スタイル
アクティブ型か
インデックス型か

投資信託は、運用スタイルの違いによって、「アクティブ型投資信託（アクティブファンド）」「インデックス型投資信託（インデックスファンド）」に分けられる。

収益獲得を追求するか、コストにこだわるか

アクティブファンドは、運用のプロであるファンドマネージャーが投資先を選定し、運用の指標となる指数を上回る収益の獲得を目指して運用する。指標となる指数は「ベンチマーク」と呼ばれ、日本株なら日経平均株価やTOPIX、米国株ならダウ平均株価（NYダウ）やS&P500種指数などが該当する。中にはベンチマークを設定せず、大きなリターン（収益獲得）を目指すものもある。

アクティブファンドでは、ファンドマネージャーの運用方針や運用哲学などがダイレクトに反映される。組み入れる銘柄やその比率、売買のタイミングなどを戦略的に判断していくのだ。銘柄選定についても、企業への取材などを通して徹底的に調査・分析を行う。

もちろん、こういった緻密な調査・分析にはコストがかかる。そのため、アクティブファンドはインデックスファンドに比べて信託報酬（運用管理費用）が高く設定される傾向がある。投資家は、コストに見合った運用成果が出ているかどうか、しっかりチェックする必要があるだろう。

一方、インデックスファンドは、市場の動きを表す特定の指数に連動する運用成果を目指す。例えば、日経平均株価と同様の値動きを目指す、ということ。

個別企業を取材して銘柄を選定したり、売買タイミングを判断する必要がないため、アクティブファンドに比べて信託報酬などの費用が低く設定されている。

それでもファンドによってコストに差はあり、それがそのまま投資成果の差につながっていく。投資対象が同様の場合には、信託報酬などのコストが安いインデックスファンドを選ぶことが合理的といえるだろう。

アクティブ型投信、インデックス型投信とは

アクティブ型投信	インデックス型投信

運用の専門家（ファンドマネージャー）が、株価指数などの市場平均（ベンチマーク）を上回る投資成果を目指して運用する。	指標となる株価指数などの市場平均（ベンチマーク）に連動する投資成果を目指す。

ベンチマークの例

（日本株）日経平均株価、TOPIXなど
（米国株）S&P500種指数、ダウ平均株価など

アクティブ型投信の特徴

運用目標	市場平均（ベンチマーク）を上回る運用を目指す。
組み入れ銘柄	ファンドマネージャーが調査や分析を通じて銘柄を選定。
コスト	インデックス型投信に比べて高コスト。

インデックス型投信の特徴

運用目標	市場平均（ベンチマーク）に連動する運用を目指す。
組み入れ銘柄	指数と同様の銘柄構成。
コスト	アクティブ型投信に比べて低コスト。

投資信託の選び方❷ 投資対象地域

国内か 海外（先進国・新興国）か

投資信託を選ぶにあたって大切なのは、投資対象地域をチェックすること。つまり、自分がどこの国や地域に投資したいかを考えることだ。個人では手が出せない国の株式や債券にも、投信なら投資することができる。

投資する国や地域によってリターンやリスクは異なる

国内の株式や債券に投資する投信は、「国内株式投資信託」や「国内債券投資信託」と呼ばれる。国内の資産に日本円で投資するため「為替変動リスク」はない。主に投資対象となる資産の値動きに着目することになる。相場の状況がつかみやすいことも長所といえるだろう。

海外に投資する投信は、主に先進国に投資するものと、新興国に投資するものに分けられる。

このうち先進国投信は、米国や英国、EU諸国などの経済が発展している国々の資産が投資対象となる。外貨建ての資産に投資するため為替変動リスクはあるものの、新興国に比べて政治や経済は安定していて安心感がある。

一方、新興国投信は、今後の高い経済成長が期待されるアジアやアフリカ、中南米などの国や地域の資産が投資対象になる。経済成長に伴って、企業の株価なども大きく上昇する可能性があるだろう。ただし、新興国は政治情勢や経済基盤が不安定な国も多く、テロや内乱、急激なインフレ、通貨の急落、国債の不履行といった「カントリーリスク」が高いとされる。これらのさまざまなリスクについてもしっかり理解することが大切だ。

なお、海外の資産に投資する投信には、特定の国や地域に投資するものから、先進国全体、新興国全体に投資するもの、さらに世界全体に投資するものまである。1つの国より世界全体に分散投資したほうがリスクを抑えられるだろう。

投信を選ぶ際は、まずどこに投資したいかを考えて、自分の投資目的やリスク許容度に合った商品を購入しよう。

私には新興国はハードルが高いかな。国内か先進国ね！

投資信託の投資対象

対象資産＼対象地域	国内		海外
株式	国内株式型	バランス型	海外株式型
債券	国内債券型		海外債券型
不動産（リート）	国内リート型		海外リート型
その他	コモディティ（金、原油、穀物）など		

投資対象地域

国内（日本）

- 国内の株式や債券、リートなどが投資対象。
- 円で投資するため、為替変動リスクがない。

海外（先進国）

- 米国や英国、EU諸国などの資産が投資対象。
- 為替変動リスクはあるものの、新興国に比べて政治や経済が安定している。

海外（新興国）

- アジアやアフリカ、中南米諸国など、今後の経済成長が期待される国々が投資対象。
- 先進国に比べて為替変動リスクやカントリーリスクが高い傾向がある。

投資信託の選び方❸ 投資対象資産

株式か債券かコモディティか

運用スタイル、投資対象地域を決めたら、次は投資対象となる資産（アセット）を決めよう。主に株式や債券、コモディティ（商品）、不動産（リート）などが対象で、各資産を組み合わせて運用する「バランス型」の投資信託もある。

各資産の特徴を理解し、リスクを分散させて運用

株式に投資する投信は、積極的なリターンが狙える。個別株投資に比べ、銘柄を分散するためリスクは抑えられるが、やはり価格変動が大きく、他の投資対象よりリスクは高い。

債券は、株式に比べて安定的な値動きをするため、安心感のある資産とされるがリターンは小さい。また、債券価格と金利は逆の動きをするので、金利が上昇する局面では債券価格が下がることになる。

株式や債券など、昔から投資対象とされてきた資産のことを「伝統的資産」と呼ぶこともある。具体的には、国内株式や国内債券、海外株式や海外債券のことだ。ちなみに、伝統的資産以外に投資することを「オルタナティブ（代替的）投資」と呼ぶが、投信を活用することで、このオルタナティブ投資も簡単にできる。主な投資対象は、コモディティ（商品）や不動産（リート）などだ。

コモディティは、原油や金、穀物など国や地域を超えて取引される国際商品。株式や債券などとは異なる値動きをする傾向があるため、資産の一部にコモディティを組み込むことで、自分のポートフォリオ（資産構成）の分散化が図れる。

リート（不動産投資信託）は、投資家から集めたお金で不動産に投資し、そこから得られる賃料収入や不動産の売却益を原資に、投資家に配当する商品だ。

前述のとおり、株式や債券、コモディティ、リートなど、さまざまな資産を組み入れて運用するバランス型もある。単一の資産に投資するより、リスクを分散し、価格変動を軽減する効果があるため、初心者向きの投信といえるだろう。

バランス型の投信は
初心者向きで
ボクにピッタリだ！

投資信託の投資対象

対象資産＼対象地域	国内		海外
株式	国内株式型	バランス型	海外株式型
債券	国内債券型		海外債券型
不動産（リート）	国内リート型		海外リート型
その他	コモディティ（金、原油、穀物）など		

投資対象資産

株式

- 積極的な値上がり益を追求。
- 価格変動（リスク）が大きい。

債券

- 株式よりも値動きが小さい。
- 株式よりもリターンが小さい。

不動産（リート）

- 不動産の値上がり益や賃料収入から配当が得られる。
- 債券よりもリスクが大きい。

コモディティ

- 株式などと異なる値動きをする傾向がある。
- 金、原油、穀物などが対象。

バランス型

- さまざまな資産を組み入れるため、単一の資産に投資するよりもリスク分散効果が期待できる。

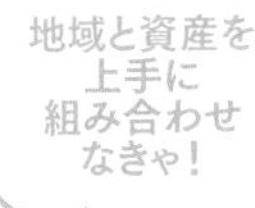

Lesson 5

分配金の仕組みを知ろう

投資信託には、運用で得られた収益を、決算期ごとに投資家の保有口数に応じて分配する仕組みがある。それが分配金だ。

預貯金の利息と混同されやすいが、それはまったくの誤解。預貯金の利息は、事前に決められた利率に基づいて支払われる。一方、分配金は投信の運用成績によって金額が決まる。いつも一定額が支払われるとは限らないし、成績が悪ければ支払われない場合もある。

また、投信には「分配金あり」のタイプと「分配金なし」のタイプがある。

分配金ありのタイプは、成績が良好なら決算期ごとに分配金が支払われるため、運用中に利益が確保できるメリットがある。

分配金なしのタイプは、運用で得た利益を資金に組み込んで（再投資して）運用される。つまり、利益が利益を生んで膨らむ複利効果が期待できる。ただし、解約や売却をするまでは利益が得られないため、その時点で購入した時よりも基準価額が下回ったら損失となってしまう。

長期的な資産形成が目的なら、分配金を受け取らず再投資したほうが複利効果が期待でき、運用効率も向上する。リタイア層など、定期的な分配金収入を得たい人は分配金ありを検討してもいいだろう。

分配金には「普通分配金」と「特別分配金」がある

覚えておきたいのは、分配金には2つの種類があること。「普通分配金」と「特別分配金（元本払戻金)」だ。

普通分配金は、運用によって得られた収益、つまり元本を上回る部分を投資家に分配するもの。投資家にとっても運用で得た利益にあたるため課税対象となる。

これに対し、特別分配金は運用で得た収益ではなく、元本を切り崩して投資家に分配するもの。投信の資産が目減りするため、基準価額の大幅な下落につながる。いわゆる「たこ足分配」の状態だ。こちらは投資家にとって利益ではないので課税されることはない。

毎月分配金を受け取っていても、元本が目減りし基準価額が下落したら元も子もない。分配金の種類は常に注意を払うようにしよう。

分配金は、支払われればいいわけではない

●分配金の仕組み

投信の運用で得られた収益を決算期ごとに投資家に分配するもの

配当、利息など
値上がり益
元　本

収益

保有口数に
応じて分配

投資家

●分配金には2種類ある

普通分配金

個別元本

運用

配当、利息など
値上がり益
個別元本

課税対象

利益を
分配金に！

- 元本を上回った部分（運用で得た利益）を投資家に分配する。
- 利益を分配するので課税対象になる。

特別分配金

個別元本

特別分配金
（元本払戻金）
個別元本

非課税

元本の一部を
払い戻す

個別元本が
減少する！

- 個別元本の一部を払い戻す仕組み。
- 払い戻された元本の分だけ運用資産が減ってしまう。
- 元本が払い戻されただけなので非課税。

Lesson 6

投資信託のコストについて知ろう

投資信託は、購入時、保有期間中、解約時に手数料がかかる。それぞれどのようなコストを負担するのか理解しておこう。

まず、投信を購入する際には、「購入時手数料」が発生する。これは販売会社に支払う手数料で、購入代金に所定の料率を掛けた金額を負担する。ただし、購入時手数料が無料の「ノーロード・ファンド」も増えている。販売会社によっても異なるため、同じ投信でもかかる会社とかからない会社がある。よく確認しよう。

信託報酬は運用成績にダイレクトに影響する

次に、保有期間中だが、投信の運用や管理にかかる費用である「信託報酬」を払い続けることになる。保有額に応じて、所定の料率を掛けた金額が信託財産から毎日徴収される。投資家が直接支払うのではなく、間接的に徴収されるものなので、払っているという実感がわかないかもしれない。しかし、右ページ下の図のように、長く保有するほど負担も大きくなり、運用成績にも影響する。もちろん、信託報酬の料率が高いほど、さらに大きな影響を及ぼす。投信の投資対象が同様なら、なるべく信託報酬の低いものから検討するのがいいだろう。

最後に、解約時（売却時）にかかる手数料だ。これは「信託財産留保額」といい、解約時の残高に一定の料率を掛けた金額を支払う。この信託財産留保額は、保有していた投信に「置いていくお金」だ。つまり、自分が解約することによって、株や債券など保有資産を売却する際にかかる手数料を負担するもの。販売会社や運用会社に支払うコストではなく、信託財産に置いておかれる（=留保される）お金なので、信託財産留保額と呼ばれる。なお、信託財産留保額はかからない投信も多い。購入前に目論見書などで確認しておこう。

コストは運用成績にダイレクトに影響する。いつ、どんなコストがかかるのか、しっかり理解しておくことが大切だ。

コストは安ければ
安いほど
いいってことだね！

投資信託の3つのコスト

●購入時手数料

	概要	ポイント
いつ払う？	投信を購入する時。	支払うのは1回だけ。
どうやって払う？	購入時に直接支払う。	投信の購入代金とは別に支払う。
どんな費用？	投信の購入時に販売会社へ支払う手数料。ファンドごとに決められた、申込価額の数％を支払う。	投信や販売会社によってはかからない場合もある。

●信託報酬（運用管理費用）

	概要	ポイント
いつ払う？	投信を保有している期間。	投信を保有している間ずっと支払い続ける。
どうやって払う？	投信の信託財産から間接的に支払う。	自分で直接支払う必要はない。
どんな費用？	投信を管理・運用してもらうための経費。目論見書などに年率何％かかるかが記載されている。	投信によって額は異なる。中長期的なパフォーマンスに与える影響が大きいため、投資対象が同じなら低いほうが望ましい。

●信託財産留保額

	概要	ポイント
いつ払う？	投信を解約する時。	かからない投信もある。
どうやって払う？	直接支払う。	解約時に受け取るお金から差し引かれる。
どんな費用？	解約によって保有する資産を売却するなどのコスト。信託財産に留保される。	保有していた投信に置いていくお金。

●手数料の影響

信託報酬率が1％違う場合の資産総額

※100万円を投資した場合のイメージ。
信託報酬控除前リターン4.5％。

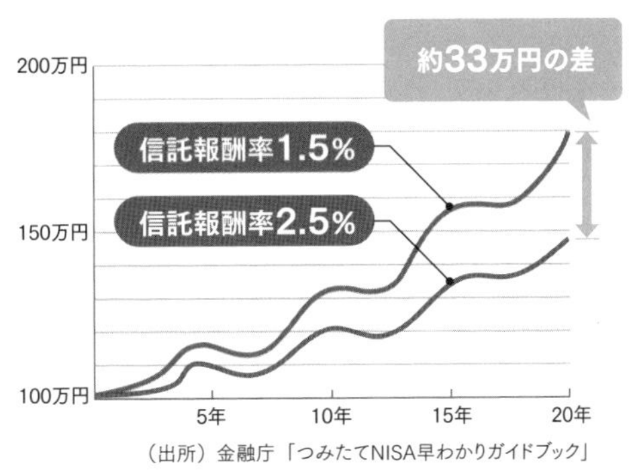

（出所）金融庁「つみたてNISA早わかりガイドブック」

Lesson 7

投資信託を購入する金融機関の選び方

株式投資を始めるには、必ず証券会社に口座開設する必要がある。しかし投資信託は、価格変動リスクのある金融商品ではあるものの、証券会社だけでなく、銀行や郵便局、信用金庫、JAバンク（農協）などの金融機関でも購入できる。

注意したいのは、金融機関によって取り扱う投信の種類や本数が異なるということ。右ページの表は、主なネット証券が取り扱っている投信の本数だ。かなり豊富な品揃えながら、会社ごとに違いがあるのがわかるだろう。

中には、独自の視点で投信を厳選して取り扱っている会社もある。そのため、本数は絞られるものの、その会社でしか取り扱いのない商品もある。

投信を購入したいと思ったら、まずはお目当ての商品をある程度絞り込み、それを取り扱っている販売会社を選ぶことが大切だ。せっかく口座を開いたのに、欲しい投信が買えなかったということもあり得る。

また、自分の資産運用プランと合わせて考えることも重要となる。投信の購入だけを目的とするのではなく、例えば株式投資も一緒に行いたいとか、外貨預金や保険の加入もその金融機関で行いたいなど、さまざまな活用ができる金融機関を選ぶ、という方法もある。投信の購入をきっかけに、資産運用についてしっかり考えてみるのもいいだろう。

運用会社が投資家に直接販売する「直販投信」

投信の購入で、もう1つ知っておきたいのは、運用会社が直接販売する「直販投信」の存在だ。人気の「さわかみファンド」や「ひふみ投信」「セゾン資産形成の達人ファンド」などが該当する。

これらの投信を運用する会社では、投資家との直接的なコミュニケーションを重視。定期的に運用報告会などを開催して、運用目的や方針、運用状況などを詳しく説明している。運用自体にもその会社の運用哲学が色濃く反映されるので、そこに共感できるかどうかも投信選びのポイントとなる。

直販投信は、その会社に取引口座を開設することが必要だ。とはいえ、直販型でも証券会社や銀行で購入できるところもあるのでチェックしてみよう。

金融機関によって取り扱う投資信託が異なる

●投資信託を扱う金融機関

証券会社 / 銀行 / 郵便局 / 信用金庫 / JAバンク / 運用会社直販 など

●主なネット証券の取り扱い本数

金融機関名	取り扱い本数
ＳＢＩ証券	2648本
楽天証券	2630本
マネックス証券	1361本
松井証券	1702本
ａｕカブコム証券	1643本

※2023年6月23日時点

●直販投信でも複数の金融機関で購入できるケースも

〈例〉
セゾン投信「セゾン資産形成の達人ファンド」の販売会社

楽天証券、ＳＢＩ証券、tsumiki証券、大和コネクト証券、大和証券、熊本銀行、きらぼし銀行、滋賀銀行、ゆうちょ銀行、農林中央金庫など

※2023年6月23日時点

Lesson 8

株と投信のいいとこどり！ETFとは？

ETFとはExchange Traded Fundsの略。日本語でいうと上場投資信託だ。特定の指数に連動する運用成果を目指す投信の一種。名前のとおり、投信でありながら証券取引所に上場していて、株式と同じように取引することができる。

また、投信と同様に、ETFは複数の銘柄で構成されている。例えば、日経平均株価や米国のS&P500種指数に連動するETFに投資することで、指数の組み入れ銘柄をすべて買ったのと同じ効果が期待できる。1本で幅広い銘柄に分散投資できるため、1つの銘柄（企業）に資金を集中させるよりリスクを軽減する効果も期待できる。信託報酬も低く、中には投資対象が同様のインデックスファンドよりもコストが安い場合もある。2023年よりアクティブ型のETFも登場する予定だ。

投信では叶わない機動的な取引が自在にできる

このように、ETFの一番の魅力は株式と投信のいいところをしっかり享受できることだ。68ページで説明したとおり、一般的な投信は1日1回公表される基準価額で取引することになる。そのため、注文する時点では、いくらで売買することになるかわからない。

その点ETFは、取引時間中であればリアルタイム価格でいつでも売買することができる。株式と同様に成行注文も指値注文も可能だ。信用取引もできるので、相場の下落局面でも収益チャンスがある。つまり、投信では叶わなかった機動的な取引が自在にできるのだ。

ただしデメリットもある。ETFには市場での取引価格のほかに投信としての基準価額があり、2つの価格が乖離することがある。また、分配金を受け取ることはできるが、それを自動的に再投資する仕組みはない。さらに、基本的に市場価格を見ながら売買するため、定期的に一定額ずつ買付ける自動積立には適さない。

とはいえ機動的な売買、分散効果、コストの安さはETFの大きな魅力。メリットとデメリットをしっかり理解して、投信と上手に使い分けていこう。

機動的な取引ができるETF

●ETFと投資信託、株式の比較

		ETF	投資信託	株式
取引など	どこで取引できる?	証券会社	証券会社・銀行など	証券会社
	証券取引所への上場	上場している	上場していない	上場している
	取引時間	証券取引所の取引時間中（リアルタイムで取引）	1日1回（注文時には価格はわからない）	証券取引所の取引時間中（リアルタイムで取引）
	取引する価格	成行注文・指値注文	基準価額	成行注文・指値注文
	得られる利益	値上がり益、分配金	値上がり益、分配金	値上がり益、配当金
	少額での分散投資	できる	できる	ある程度まとまった資金が必要
手数料	購入時	売買手数料*1	購入時手数料*1	売買手数料*1
	売却時	売買手数料*1	信託財産留保額*2	売買手数料*1
	保有期間中	運用管理費用（信託報酬）	運用管理費用（信託報酬）	なし

＊1 証券会社などによって異なる
＊2 投資信託によってかからない場合もある

●ETFのメリット、デメリット

メリット

- 1本で簡単に分散投資ができる
- ニュースなどで値動きを把握できる
- リアルタイムで取引ができる
- コストが安い

デメリット

- 市場の取引価格と基準価額が乖離することがある
- 自動積立には適さない場合もある
- 分配金を自動で再投資することはできない

専門知識がなくても大丈夫
投資を始める前に覚えよう！

投資信託の用語集

アクティブファンド
（あくてぃぶふぁんど）

特定の指数（ベンチマーク）を上回る運用成果を目指す投資信託。運用の専門家であるファンドマネージャーが、組み入れ銘柄や比率、売買タイミングなどを戦略的に判断しながら運用する。

ETF（上場投資信託）
（いーてぃーえふ／じょうじょうとうししんたく）

特定の指数に連動する投資成果を目指す、証券取引所に上場している投資信託。株式と同じように、リアルタイム価格で機動的な売買ができる。今後、アクティブ型のETFも登場する予定。

インデックスファンド
（いんでっくすふぁんど）

特定の指数（ベンチマーク）に連動する投資成果を目指す投資信託。一般的に、アクティブファンドよりも信託報酬が低く設定されている。

為替変動リスク
（かわせへんどうりすく）

為替相場の変動によって、外貨建ての資産価値が変わる可能性のこと。

カントリーリスク
（かんとりーりすく）

投資対象国や地域で政治・経済の状況が変わり、証券市場や為替市場が混乱した場合、そこに投資した資産の価値が影響を受けること。

繰り上げ償還
（くりあげしょうかん）

投資信託約款で定められている運用期間（信託期間）の満了日（償還日）より前に、投資家から預かったお金を返すこと。あらかじめ要件が決められている。

個別元本
（こべつがんぽん）

個々の投資家が、その投資信託を購入した時の基準価額のこと。同じ投信を追加購入すると、保有口数で割って加重平均される。

信託財産
（しんたくざいさん）

複数の投資家から集めたお金。投資信託が保有している財産のことで、資産管理会社（信託銀行）が自社の財産とは分別して保管、管理している。

特別分配金
（とくべつぶんぱいきん）

分配金の種類の1つで、投資した元本の一部が払い戻されるもの。分配金支払い後の基準価額が、個別元本を下回っている場合には、下回る部分が特別分配金となる。元本払戻金とも呼ぶ。

バランス型投信
（ばらんすがたとうしん）

株式だけ、債券だけ、国内だけ、海外だけなど、単体の資産に偏らず、さまざまな資産や地域にバランスよく分散して投資する投資信託。

ファンドマネージャー
（ふぁんどまねーじゃー）

投資信託の運用に携わる専門家。投資信託の運用目的に即した投資戦略の策定や情報の収集・分析、投資判断、具体的な投資銘柄の選定、ポートフォリオの構築などをし、運用を行う。

普通分配金
（ふつうぶんぱいきん）

投資信託の運用で得られた値上がり益や株式の配当金、債券の利息などの収益から支払われる分配金。「配当所得」として課税される。

ベンチマーク
（べんちまーく）

投資信託の運用成績を評価し、測定するための基準となる指標。それぞれの投資信託の投資対象とする国や地域、市場、商品などによって異なる。

目論見書
（もくろみしょ）

投資信託の募集要項や費用、運用の内容、リスクなどを記載した書面。交付が義務づけられている「交付目論見書」と、投資家の請求で交付する「請求目論見書」がある。

Part 4

積立投資

時間を分散させ、定額購入することで
価格変動の影響を抑える!

積立投資がオススメの理由①

値動きにハラハラする必要なし！

ハジメ 投資の世界でも積立ってできるんですか？

まっつん 積立と聞くと「積立預金」を思い浮かべる人が多いかもしれないね。でも、ここで取り上げるのは「積立投資」のことだよ。

ミノリ 積立定期預金なら、社会人になってからずっと続けていますけど……。

まっつん 積立投資も同様で、例えば投資信託などを、定期的に一定金額で自動的に買付けていく投資方法なんだ。

積立なら高い時は少なく、安い時は多く購入できる

まっつん 例えば、毎月2万円ずつ投信を積み立てたとしよう。もし、基準価額が1万口あたり1万円だったら、毎月何口買えるかな？

ミノリ 2万口ですね。

まっつん じゃあ5000円だったら？

ハジメ 4万口です。

まっつん そうだね。でもちょっと考えてみてよ。投信の基準価額が1万円から5000円に下がるのはどんな時？

ハジメ えっと、株とか債券とか、その投信が投資している資産の価格が下落した時……ですよね？

まっつん そのとおり。投資では、いいものを安く買うことが大切だったよね。将来有望な投信が、安い時にたくさん買えたらラッキーじゃないかな？

ミノリ 確かにそうですね。でも、下落した時に買うのはやっぱり怖いですよ。値動きにハラハラしてしまうし。

まっつん だから積立なんだ。右ページの図を見てみよう。毎月2万円で投信Aを半年間買付けた場合と、最初から12万円分の投信Aを購入した場合の比較だよ。積立は、基準価額が下落したことでたくさんの口数が買えたあと、基準価額が上昇するとしっかり利益を得られているよね。

ハジメ　本当だ！　あれっ？　最初に12万円を投資したほうは評価額がマイナスだ。

まっつん　そう。基準価額が2万円の時に6万口買ったものの、まだ購入時の基準価額まで戻っていないため、評価損が出ているんだよ。

ミノリ　高い時に買っちゃったのね。

まっつん　積立投資では、高い時には口数を少なく、安い時には多く買えるから平均購入単価を抑える効果がある。ちなみに、このような投資方法を「ドル・コスト平均法」と呼んでいるよ。値動きにハラハラする必要がなくて精神的にも楽だよね。

投信積立は基準価額が下落した時こそチャンス！

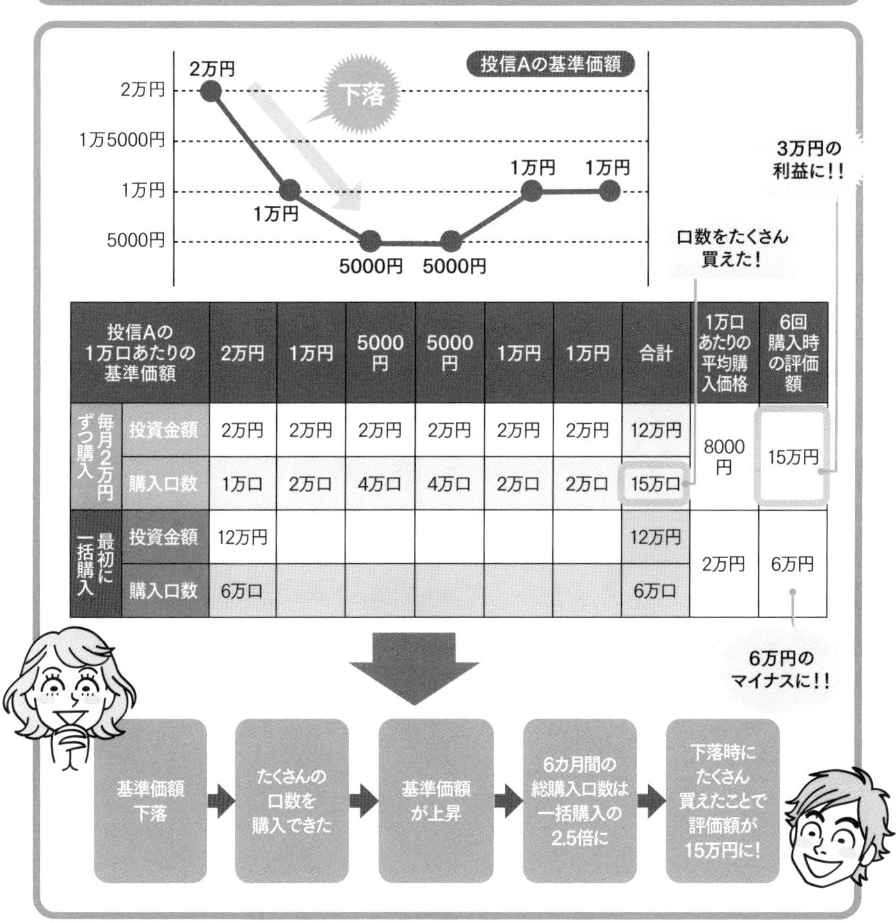

投信Aの1万口あたりの基準価額		2万円	1万円	5000円	5000円	1万円	1万円	合計	1万口あたりの平均購入価格	6回購入時の評価額
毎月2万円ずつ購入	投資金額	2万円	2万円	2万円	2万円	2万円	2万円	12万円	8000円	15万円
	購入口数	1万口	2万口	4万口	4万口	2万口	2万口	15万口		
最初に一括購入	投資金額	12万円						12万円	2万円	6万円
	購入口数	6万口						6万口		

積立投資がオススメの理由②

少額でできて、ほったらかしもOK!

100円から始められて積立頻度も自由に選べる

ミノリ 私、今すぐにでも投信積立を始めたいです! いくらくらいからスタートできますか?

まっつん 金融機関によって異なるけれど、1000円から始められるところが多いかな。ネット証券なら100円からできるところも多いよ。投信積立は、少額から手軽に始められるのが魅力なんだ。それに、最初に積立の手続きをすれば、指定した口座から自動的に資金が引き落とされて、投資信託を買付けてくれる。

ハジメ 面倒くさがり屋のボクでも続けられそうだな。

ミノリ それに、いちいち買うタイミングで悩む必要もないわね。

まっつん それも積立のメリットだよ。毎月決まった日に自動的に買付けるわけだから、いつ買うかなんて悩む必要はないし、前述のとおり平均購入単価が抑えられる仕組みもあるというわけ。あ、そうそう。積立頻度は金融機関によって、毎月、毎週、毎日などから選べるところもある。最初の設定時によく考えて決めよう。

設定したらほったらかしで複利運用を続けていく

ハジメ 一度手続きをしたら、あとはほったらかしでいいんですか?

まっつん むしろ、ほったらかしにして長期間積立を継続させたほうがいいんだ。

ミノリ なぜですか?

まっつん 投資対象や地域を分散した積立投資を長期間続けることで、結果的に元本割れする可能性が低くなる傾向がある。保有期間が5年以内だと元本割れする可能性が高いけれど、20年以上保有していると、そのリスクが減るというデータもあるんだ。

ミノリ 本当にほったらかしでもいいのね。それなら気楽に始められそう。

まっつん もちろん、積立額や頻度の見直しなど、定期的なメンテナンスは必要だよ。でも、価格の上がり下がりに一喜一憂する必要はないということ。

ミノリ いつか昇給して余裕が出たら積立額を増やすこともできるものね。

まっつん 長期間続けることで複利効果も期待できる。複利効果とは、利益が利益を生んで資産が膨らむこと。下のグラフは、月々3万円の投信積立を20年間、年率3%で運用した場合のシミュレーション。20年後に資産は980万円超になるよ。一方、ただ毎月3万円を20年間積み立てた場合は720万円。随分違うよね。

ハジメ ある程度ほったらかして、勝手に複利運用を続けてもらうのがいいんだ。ボクでもできる! やる気になってきたぞ。

投信積立の4つのメリット

1 少額から手軽に始められる!

毎月1000円、金融機関によってはワンコインの100円から始められる。

2 購入タイミングに悩まない!

いったん定期購入する投信、金額、タイミングを決めると自動的に買付けてくれる。

3 価格が下がったらたくさん買える!

高い時は少なく、安い時は多く買付けるので、価格変動リスクを抑える効果がある。

4 ほったらかしでもOK!

購入予定日が来ると自動的に資金が引き落とされるので、手間がかからない。

●月々3万円ずつ積み立てて、20年間、年率3%で運用できた場合

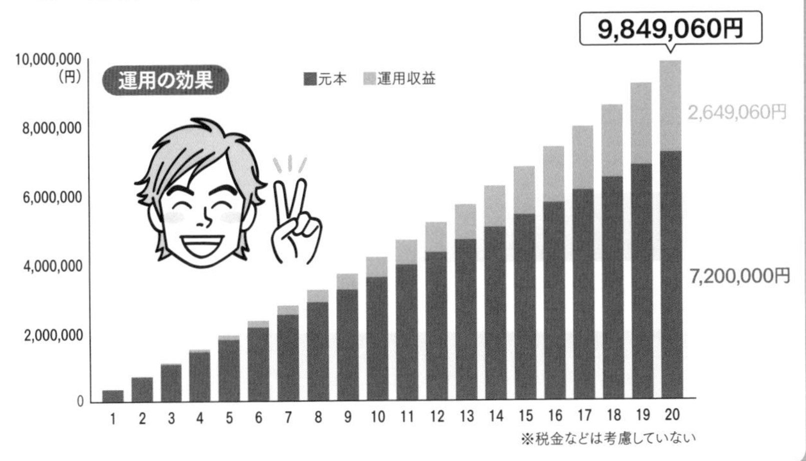

※税金などは考慮していない

Lesson 1

投信積立がオトクにできる「iDeCo」の仕組み

自分のための年金をしっかり作ることができる

「iDeCo（個人型確定拠出年金）」は、任意で加入する私的年金制度だ。自分が拠出した掛金を、自分で運用して資産を形成する。毎月一定金額（掛金）を口座振替もしくは給与天引きで積み立てて、自分で商品を選んで運用し、その成績によって将来の受け取り額が変動するという仕組みだ。運用商品には、投資信託のほかに定期預金や保険もあるが、お金を増やしたいなら投信を選択することになる。掛金額は職業などによって異なる（右ページの下の表参照）。

20歳以上65歳未満の人が加入でき、60歳以降75歳までの自分の好きな時期に、老齢給付金の受け取りを開始できる（加入した年齢によっては60歳で受け取れない場合もある）。言い換えると、原則60歳までは運用資金を引き出せないということ。つまりiDeCoは老後資金を用意するための制度であり、「つい引き出して使いたくなってしまう」といった人でも、しっかり資金の準備ができる制度なのだ。

積立時・運用時・受け取り時の3つの税制優遇は見逃せない

しかも、iDeCoには以下の3つの税制優遇メリットがある。

①掛金の全額が所得控除の対象。
②値上がり益や分配金などの運用益が非課税になる。
③受け取り時には「退職所得控除」や「公的年金等控除」が適用される。

①は積立時のメリット。課税所得が減ることで、当年分の所得税と翌年分の住民税が軽減される。

②は運用時のメリット。通常、投信などの金融商品の場合、値上がり益や分配金に対して20.315%の税金がかかる。しかし、iDeCoで投信を積み立てた場合にはこれが非課税になるのだ。

そして③は受け取り時のメリット。iDeCoの資金を「一時金」として一括で受け取る場合には「退職所得控除」の対象になる。また、年金として5年以上20年以下の期間で分割して受け取る場合には、雑所得として公的年金と合算した金額に「公的年金等控除」が適用される。なお、一時金と年金を併用することもできる。

老後資金の準備ができる、節税効果バツグンのiDeCo

●加入条件など

70歳になるまでに
延長される予定

加入可能年齢・期間	65歳になるまで＊1
年間掛金拠出額・非課税枠	14.4～81.6万円＊2
投資可能商品	投資信託、元本確保型(定期預金、保険)
買付け方法	積立
払戻し制限	原則60歳になるまで払戻し不可

＊1 国民年金被保険者のみ　＊2 職業などで異なる

●3つの税制優遇メリット

1 掛金が全額所得控除の対象

所得税や住民税を節税できる。

2 運用で得た利益が非課税

運用益が非課税で再投資されるので、効率よくお金を増やせる。

3 受け取る時にも税制優遇あり

将来、受け取る時にも「退職所得控除」や「公的年金等控除」を使え、税負担が減る。

●職業などで拠出限度額が異なる

区分		拠出限度額
(第1号被保険者)自営業者、フリーランスなど		月額6.8万円
(第2号被保険者)会社員・公務員など	会社に企業年金がない会社員	月額2.3万円
	企業型確定拠出年金(企業型DC)に加入している会社員	月額2.0万円
	確定給付企業年金(DB)と企業型DCに加入している会社員	月額1.2万円(2024年12月から月額2万円に引き上げ)
	確定給付企業年金(DB)のみに加入している会社員	
	公務員など	
(第3号被保険者)専業主婦(主夫)		月額2.3万円

Lesson 2

投信積立がオトクにできる「つみたてNISA」の仕組み

運用で得た利益が非課税になる

「つみたてNISA」は、少額からの長期・積立・分散投資を支援する非課税制度だ。対象商品は、手数料が低水準で分配金が頻繁に支払われないなどの条件を満たす、金融庁の“お墨付き”を得た投資信託とETF（上場投資信託）のみ。値上がり益や分配金が非課税になることが大きな魅力。また、iDeCoが原則60歳まで運用資金を引き出せないのに対し、つみたてNISAはいつでも引き出せる。マイホームの購入や、子どもの教育費用など、まとまった資金が必要な時に活用できる。

46ページでも紹介したが、つみたてNISAは2024年から新制度に移行する。これから始めるなら、現行制度と新制度を理解しておこう。

24年からは恒久化され、年間非課税枠は120万円に

新制度では、「一般NISA（成長投資枠）」を含め、NISA制度自体が恒久化され、非課税保有期間が無期限化される。つみたてNISAは「つみたて投資枠」と名称が変わり、年間非課税枠の上限が40万円から120万円に拡大。非課税保有限度額は買付残高（簿価(ぼか)）で1800万円となる。

また、現行制度では、一般NISAかつみたてNISAのどちらか一方を選ぶことになっていたが、新制度では併用が可能になり、1つの口座で管理する。さらに、現行制度では非課税枠を再利用することができなかったが、新制度では買付残高1800万円の範囲内であれば再利用できる。

なお、23年までにつみたてNISAで積み立てた資金は、新制度とは別枠で20年間非課税で運用できる。

注意点としては、つみたてNISAを含むNISA口座は、1人1口座しか持てないこと。ただし、年1回、金融機関を変更することは可能だ。また、NISA口座で出た損失は、課税口座の利益との損益通算や繰越控除ができない。そのため、NISAでは損失を出さないことが運用するうえでの重要ポイントになる。

投信積立を始めるなら、運用益が非課税になって、いつでも自由に引き出せるつみたてNISAも選択肢の1つ。目的に合わせて上手に活用していこう。

2024年からつみたてNISAはこう変わる！

●現行の「つみたてNISA」と新制度「つみたて投資枠」の比較

	つみたてNISA	つみたて投資枠
口座開設期間	〜2023年	恒久
非課税保有期間	20年間	無期限
年間非課税枠	40万円	120万円
非課税保有限度額（総枠）	800万円	買付残高で1800万円
投資対象商品	長期の積立・分散投資に適した一定の投資信託	現行のつみたてNISA対象商品と同様
口座の利用	「つみたてNISA」か「一般NISA」のどちらか一方を選択	「つみたて投資枠」と「成長投資枠（旧一般NISA）」を併用できる（1口座で管理）
非課税枠の再利用	不可	可（下記参照）

新制度では簿価（購入時の価格）で1800万円の範囲内なら非課税枠を再利用できる

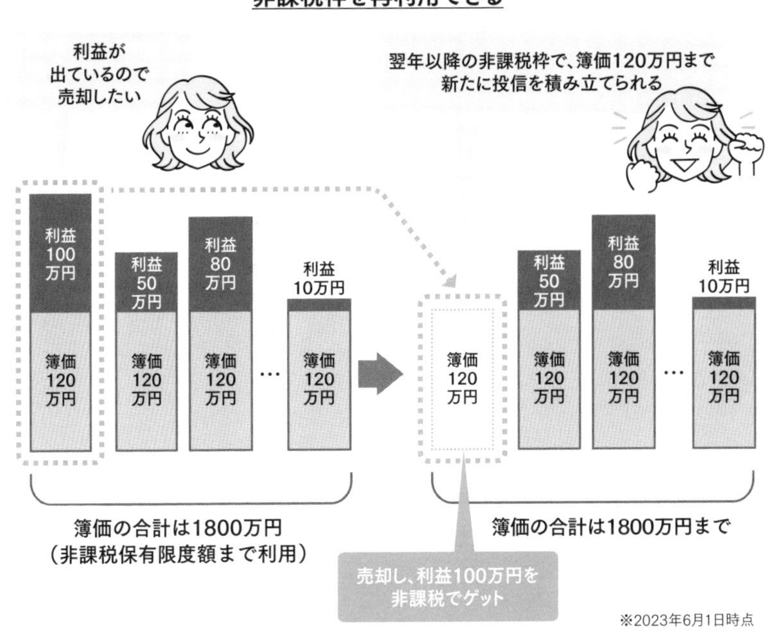

※2023年6月1日時点

専門知識がなくても大丈夫
投資を始める前に覚えよう!

積立投資の用語集

iDeCo
(いでこ)

個人型確定拠出年金。私的年金の制度で、加入は任意。掛金を自分で拠出し、自分で商品を選んで運用し、掛金と運用益の合計を給付金として受け取る。掛金は全額所得控除の対象で、運用益や分配金は非課税、受け取り時も一時金ならば退職所得控除、年金として受け取る場合は公的年金等控除の対象になる。

繰越控除
(くりこしこうじょ)

上場株式や投資信託の譲渡損失のうち、その年の譲渡益から控除しきれなかった譲渡損失について、毎年確定申告を行うことで、翌年以降、最大3年間にわたって繰越して控除すること。繰越した年の課税所得金額を圧縮できる。

公的年金
(こうてきねんきん)

国が管理運営する年金制度。日本国内に住所がある、対象年齢のすべての国民に加入義務がある「国民年金(基礎年金)」を1階部分、会社員や公務員などが加入する「厚生年金」を2階部分と呼ぶ。民間企業の会社員は3階部分として「企業年金」などが上乗せされる場合も。公務員は3階部分として「年金払い退職給付」が上乗せされる。

公的年金等控除
(こうてきねんきんとうこうじょ)

年金は雑所得として課税対象となるが、公的年金および一定の企業年金については年齢や年金額に応じた額が所得から控除される。これを公的年金等控除という。

購入時手数料
(こうにゅうじてすうりょう)

投信の購入時に、販売会社に支払う手数料。購入時手数料がかからない投信をノーロード・ファンドという。また、同じ投信でも販売会社で購入時手数料が異なる場合もある。

所得控除
(しょとくこうじょ)

所得税を計算する際に、所得から一定の金額を差し引くこと。所得金額から控除金額を差し引き、税率を掛けて所得税を計算する。

信託報酬(運用管理費用)
(しんたくほうしゅう/うんようかんりひよう)

投信を運用、管理してもらうための経費として、投資家が支払う費用。投信を保有している間、信託財産から毎日差し引かれる。信託報酬は、販売会社、運用会社、資産管理会社で分配される。

退職所得控除
(たいしょくしょとくこうじょ)

退職金に対する税制上の控除制度のこと。退職金には住民税や所得税がかかるが、勤続年数に応じた退職所得控除がある。

つみたてNISA
(つみたてにーさ)

2018年1月よりスタートした少額投資非課税制度。一般NISAと同様に、値上がり益や分配金が非課税になる。少額から長期での資産形成を目指す人に向いた制度。24年から新制度に移行し、「つみたて投資枠」と名称も変わる。

特定口座
(とくていこうざ)

株式や投信などの取引で得た年間の損益を、証券会社などが計算するサービスを提供する口座。納税も代行する「源泉徴収あり」と、投資家が自分で確定申告する「源泉徴収なし」がある。

ドル・コスト平均法
(どるこすとへいきんほう)

投信など価格が変動する商品に対して、常に一定金額を、定期的に購入する投資手法。投資金額を一定にすることで、価格が安い時には多く、高い時には少なく買付けることになり、平均購入単価を抑える効果が期待できる。

複利効果
(ふくりこうか)

運用で得た利益を、当初の元本にプラスし再投資することによって、利益が利益を生み、雪だるま式に資産が増えていく効果のこと。投資期間が長いほど複利効果は大きくなる。

投資で成功する人、失敗する人の違いとは?

まっつんが解説!

勝てる投資家になるためのマインドセットを身につけよう!

投資を始めるからには「勝てる投資家」になりたい。
だが、なかなかうまくいかないのが現実だ。
そこで我らがまっつんが、投資で成功する人と
失敗する人の特徴や違いを解説する！

失敗投資家の“あるある”に陥らないことが大切！

実は投資で成功するのはそんなに難しいことじゃない。基本的に「安く買って、高く売る」だけだからだ。ところが、この簡単なことができない投資家が多いんだ。

最近注目されている「行動経済学」では、人間の心理を経済の分析に応用して人々の「非合理性」に焦点を当て、投資などで失敗する人の心理と行動パターンを分析している。要するに“失敗する人あるある”だね。ちなみに、人間それぞれが持つ無意識の思考や行動パターンを「マインドセット」と呼んでいるけれど、“失敗する人あるある”を知り、それを避けるマインドセットを身につければ、投資で成功する確率はグッと高まるはずだ。

Column

思い込みや横並び行動が投資の失敗につながる!

投資で失敗する人には、共通する6つの行動パターンがある。それぞれの特徴を説明していこう。

1つ目は、行動経済学で「損失回避」と呼ばれるもの。自分の失敗が認められず、損切りができない。そのため含み損がどんどん膨らんでしまう。これには、利益を得た喜びよりも損失を被った悲しみのほうが強く感じる傾向が影響するとされる。

2つ目は、みんなが買うから自分も買う「群衆行動」だ。急騰銘柄を買ったものの高値づかみで損をすること、あるよね? 横並び行動は失敗の大きな要因だ。

3つ目は、営業マンに言葉巧みに勧められた金融商品を疑いもせずに買ってしまう「フレーミング効果」。営業マンは営業のプロだけど、運用のプロじゃないよ。

4つ目は、自分の運用能力を過大評価する「自信過剰」。判断能力不足を自覚せず頻繁に取引してコストがかさんだり、小さく儲けて大きく損する人が多いんだ。

5つ目は、「アンカリング」と呼ばれる、過去の値段にとらわれすぎることによる失敗。「もっと下がるはず」または「上がるはず」と思い込み、いつまでも買えなかったり、売れずに損失を拡大させたりする行動だ。

そして6つ目は、目先の利益にこだわりすぎる「近視眼的行動」。長期的な視点が持てず、短期投資で繰り返し損する人はこのパターンに該当する。

いずれも思い込みや横並び行動が大きく影響している。その事実に気づいて失敗につながる行動を避ければ、成功する確率は高まるはずだよ。

みんなが買ってるから
きっと儲かると
思うじゃないか～!

投資で失敗する人の6つの特徴

1 失敗を認められない

利益を得た喜びよりも損失を被った悲しみをより強く感じ、損切りができない。

2 みんなが買うから自分も買う

周囲の行動に影響され、急騰銘柄を買ったものの高値づかみで損をする。

3 営業マンのオススメを買う

言葉巧みに誘導され、言われるがままに勧められた金融商品を買い、損をする。

4 自分を過大評価する「自信過剰」

自分の運用能力を過大評価し、頻繁に取引しすぎてコストがかさんだり失敗が続く。

5 過去の安値・高値にとらわれる

「もっと下がるはず、もっと上がるはず」とチャンスを逃し、含み損が膨らむ。

6 目先の利益にこだわる

長期的な視点が持てず、目先の利益にこだわりすぎて結局損をする。

Column

成功と失敗は表裏一体！失敗しない投資家になる秘訣

ぶっちゃけていえば、投資で成功する人の特徴は、失敗する人に共通する行動パターンの反対だ。つまり、成功につながる行動と失敗につながる行動は表裏一体ということ。だから成功する人の特徴も6つだ。

1つ目は、失敗を認める勇気を持っていること。自分の投資スキルや判断能力を把握し、損をしたらその理由を考えて、同じことを繰り返さないよう努力する。

2つ目は、他人の行動を気にしすぎないこと。「人の行く裏に道あり花の山」という投資格言のとおり、逆張りで大きな利益を得ている人も多いよ。

3つ目は、自分が納得するまで調べる習慣があること。他人に勧められるまま買うのではなく、徹底的に調べたうえで、本当によさそうだと思ったら投資行動に出る。

4つ目は、自分のリスク許容度を知っていること。どこまでならリスクが取れるかを把握し、その範囲で投資をしている人だ。

5つ目は、自分なりのルールを持っていること。例えば、買値から10%下がったら決済するなど、ルールどおりに損切りできる人は強いよ。

そして6つ目は、長期のマネープランを立てていること。「何のために」「いつ」「いくら」必要かが整理できていて、長期的な視点で投資に臨めれば失敗も減らせる。将来の自分を思い描ける人だね。

投資をする目的をしっかり持ち、自分なりのルールに基づいて売買する。失敗は謙虚に受け止め分析し、次に活かすことができる人は必ず成功するはずだよ。

自分なりのルールか！
私も勝てる投資家になりたいな！！

投資で成功する人の6つの特徴

1
失敗を認める勇気を持っている
失敗したらその理由を分析し、同じことを繰り返さないよう努力する。

2
他人の行動を気にしすぎない
みんなが買っている銘柄は、割高な可能性も。逆張りで成功する投資家も少なくない。

3
納得できるまで自分で調べる
自分が本当にいいと思う銘柄や商品だけ買う。わからないものには手を出さない。

4
リスク許容度に合った投資をする
自分が取れるリスクの範囲をしっかり把握し、その範囲内で投資をする。

5
自分なりのルールを持っている
売買のタイミングや投資判断に自分なりのルールを持ち、それを確実に実行する。

6
長期のマネープランを立てている
「何のために」「いつ」「いくら」必要かが整理できていて、それを踏まえた運用をする。

Column

投資で成功するために私たちが取るべき行動とは？

　投資で成功するためには、「自分を知ること」が大切だ。例えば、「損失回避」の傾向があることを理解していれば、きちんと損切りすることを心がけるよね。過去の安値・高値にとらわれすぎる傾向があるなら、買値を気にしなくて済む積立投資をするという方法もある。

　投資をする際には、資金管理も重要だ。これはリスク許容度とも関連するけれど、あらかじめ資産全体に占める投資資金（万が一失っても大丈夫なお金）の割合を決め、その範囲内で投資を行おう。いわゆる余裕資金だ。失敗して全財産をなくしたら、取り返しがつかないからね。

「余裕資金なんてまだぜんぜんないよ」という人は、例えば毎月貯蓄に回しているお金の半分～3分の１程度で投信積立を始めてみたらどうかな。

　ボクはSNSをとおして、投資に関する情報発信もしているんだ。何かわからないことがあったら、LINEでどんどん質問してね！

Part
5

不動産投資

サラリーマン大家さんになって
不労所得を目指そう!

不動産投資のメリットってなんですか?

元手が少ない会社員でも始められる!

ミノリ 不動産投資って元手があまりなくてもできますか?

まっつん もちろん。購入する不動産(家賃収入が見込める賃貸物件)を担保にローンを利用できるから、自己資金が少なくても始められるよ。

ハジメ でも、高いですよね。

まっつん 不動産にはマンションの区分(一室)か一棟か、ワンルームかファミリータイプか、新築か中古かなどさまざまな種類があるから、自己資金やニーズに合わせて選べるんだ。例えば、中古ワンルームなら2000万円前後から。収益源は家賃収入(インカムゲイン)と売却益(キャピタルゲイン)。一般に、区分はキャピタルゲイン、一棟はインカムゲイン狙いといえるね。

家賃収入でローンを返済でき、完済後はすべて自分のものに

ハジメ うーん。ローンを組むのってなんか怖いし、月々の返済も大変そうだな。

ミノリ そうよねぇ。お金を借りてまで投資を始めるのってアリなのかな。

まっつん 確かに、多額のローンを組むのは不安だよね。でも、ここが不動産投資の大きなメリットなんだけれど、家賃収入を月々の返済に充てることができるんだ。うまく資金計画を立てれば、ほぼ家賃で賄うことも可能。もちろん、ローンを完済すれば、物件と家賃収入が丸ごと自分のものになるよ。

ハジメ へぇ、そうなんだ。つまり、入居者のお金(家賃)を自分の資産形成に利用できるのか。

ミノリ リスクもありますよね?

まっつん そうだね。不動産投資の2大リスクといわれるのが、入居者が決まらず、家賃が長期間入ってこなくなる「空室リスク」と、経年劣化などによって家賃が下がる「家賃下落リスク」。ただ、どちらのリスクも、入居者に人気の高い物件を選ぶことで低く抑えられるんだ。それから、家賃は株価などに比べて変動が緩やかなので、中長期の資金計画が立てやすいというメリットもあるよ。

物件の管理は任せられるから日中忙しい会社員でもOK！

ミノリ なるほど。だけど、入居者や物件の管理って大変じゃありませんか？

まっつん そこは大丈夫。そういった管理はすべて専門の管理会社に任せられるんだ。実際、今は資産形成に自助努力が求められる時代だから、副業で不動産投資を始める会社員や公務員も増えている。家賃収入は「不労所得」と言われているとおり、それほど時間や労力をかけなくてもいいからね。

ミノリ それなら私も始められそう！

ハジメ ボクもできそうな気がしてきた。もっと詳しく教えてください！

不動産投資は自己資金が少なくても始められる

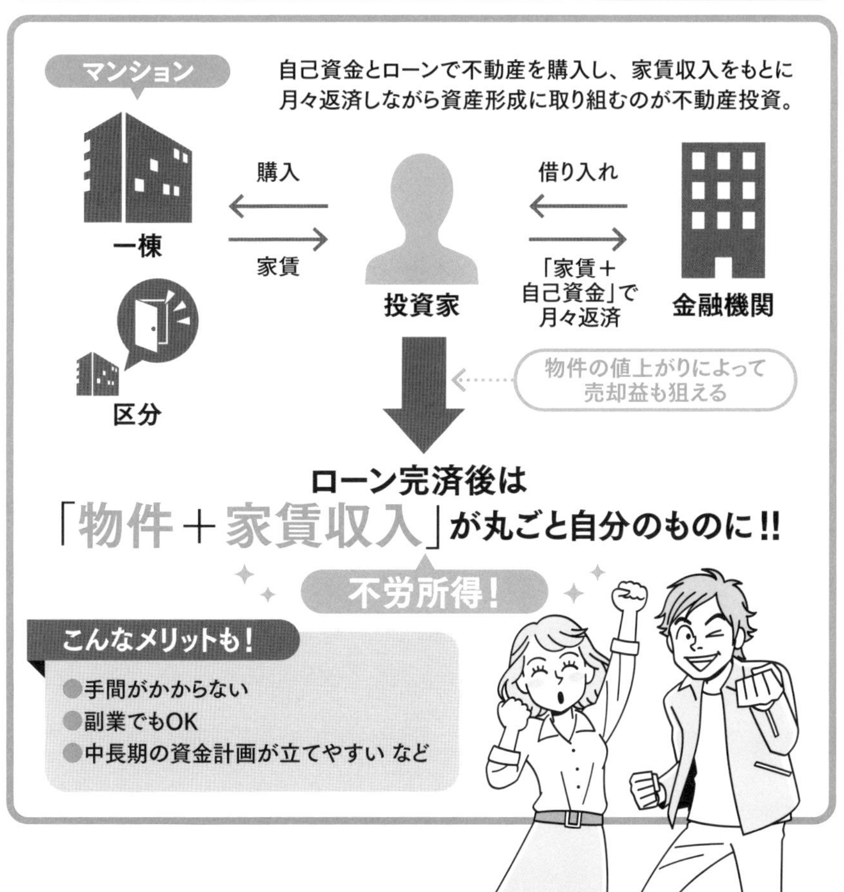

年金不安に備えられるって本当？

家賃収入は年金の補完に最適！

ハジメ 不動産投資って年金対策にもなるって聞いたことがあるんですけど。

ミノリ 私たちの世代は公的年金の支給開始がもっと遅くなって、年金額も減るだろうから対策を考えておかないとね。

まっつん 本当にそうだね。不動産投資は年金対策にも有効だよ。自己資金とローンで不動産を購入し、リタイアする前にローンを完済すれば、家賃収入がそのまま年金代わりになる。家賃収入は「不労所得」と言ったけど、働かなくても毎月入ってくる家賃は、公的年金の補完に最適だと思うんだ。

ミノリ うーん、確かに。始めるなら、いつ頃からがいいですか。

不動産投資は若い時から始めたほうがダンゼン有利!

まっつん 若い時から始めたほうが有利だよ。ローンの借入期間を長くできるから、月々の返済負担が軽くなる。

ハジメ でも、自己資金が少なすぎるとやっぱり無理ですよね？　いくらくらいあれば、どれくらいの金額の物件が買えるんだろう。

まっつん では具体的に、物件価格1780万円の中古ワンルームを購入するケースでシミュレーションしてみよう。頭金ゼロ、借入期間35年で、諸費用60万円を含めて1840万円のローンを組んだ場合、月々の返済額は6万876円になる。一方、月々の手取り家賃収入は5万5550円。つまり、月々の負担は5326円（右ページの図参照）。ローン完済後は、月々の手取り家賃収入が年金代わりになるというわけ。

ハジメ へえ、月々5000円程度の負担で済むんだ！それなら始められるかも。

まっつん ボーナス時に繰り上げ返済すると、早く完済できるし、金利負担を減らすこともできるよ。年金不安に備えるなら、遅くても定年前には完済しておきたいね。

戸数が増えると家賃も増える、資金があれば一棟投資も!

ミノリ もしかして、マンション一棟のオーナーになるのも夢じゃないとか？

まっつん 必要な自己資金が用意できれば一棟にも投資できるよ。例えば、物件価格が1億8700万円の中古マンション一棟（13戸）を頭金4000万円、借入期間35年でローンを組んで購入したとする。この場合、月々の返済額は48万6956円。一方、月々の手取り家賃収入は60万6100円。つまり、月々の収支はプラス11万9144円になる（下図参照）。

ミノリ え〜! 戸数がそれだけあると、家賃収入もスゴイ。お金持ちが不動産投資を始めるわけね（笑）。私も自己資金があったら一棟投資を始めた〜い!

ハジメ ボクも! 定年前に返済を終えていたら、海外旅行とか趣味とか余裕を持って楽しめそう。いいな〜。

ワンルームマンション購入と一棟購入のシミュレーション

●1780万円の中古ワンルームマンションを購入したケース

頭金0円	借入金額1840万円（諸費用60万円を含む）
金利1.992%	借入期間35年

月々の手取り家賃収入		月々の返済額		月々の収支
5万5550円（家賃収入6万5500－諸費用9950円）	－	6万876円	＝	▲5326円

※諸費用：管理費＋修繕積立金＋管理委託手数料

●1億8700万円の中古マンション一棟（13戸）を購入したケース

頭金4000万円	借入金額1億4700万円
金利2%	借入期間35年

月々の手取り家賃収入		月々の返済額		月々の収支
60万6100円（家賃収入70万6100円－管理費10万円）	－	48万6956円	＝	+11万9144円

※家賃収入は13戸の合計金額

※数字は概算のため、実際の数字とは異なる場合がある。

Lesson 1

中長期の運用スタンスが成功の秘訣！

不動産投資は、長期にわたって安定した家賃収入が見込めるため、中長期投資に適している。家賃収入は景気の波にも左右されにくい。そのため、資金計画が立てやすく、安定した中長期運用が期待できるというわけだ。

また、専門の管理会社に任せられることで、物件を取得した後はほとんど手間がかからず、継続しやすいという点でも中長期投資向きだ。株式投資のように頻繁に株価や企業情報をチェックしたり、財務分析をする必要もない。

不動産価格の変動も小さく、爆益・爆損とは無縁

ただし、株のように短期間での値上がり益は期待できない。不動産価格は流動性が低いこともあり、株価に比べると変動が極めて小さいからだ。株価が秒・分単位で目まぐるしく変動するのに対し、不動産価格は年単位で動くのが一般的。短期間で売却するとコストがかさみ、損失が発生しやすいことに注意しよう。そのかわり、株のように急落して数日で投資資金の半分を失うようなリスクもない。

万が一、不動産価格の大幅な下落が起きた場合でも、慌てて売るのは禁物だ。物件価格が３分の２に下がったとしても、家賃が急激に下がることはない。

家賃でコツコツとローンを返済していけば、ローン残高は確実に減っていく。いずれ「家賃収入の累計＋売却代金」が「ローン残高＋これまでに投じた自己資金」を上回り、売却益が出るようになる。そうなれば、その不動産投資は成功といえる。

築年数が経つにつれて不動産価格と家賃は安定する

中長期で保有すると、「建物の老朽化によって物件価格と家賃がどんどん下がってしまうのではないか」と心配する人もいるかもしれない。確かに新築物件は価格も家賃も周辺相場より高く設定されることが多いため、いずれ中古物件の仲間入りを

して周辺相場まで下がるだろう。

しかし、不動産価格と家賃は築年数が経つにつれ、ほぼ横ばいとなって安定してくるという特徴がある。実際、立地やスペックがほぼ同じ築20年と築30年の家賃がそれほど変わらないという例もよく見られる。

大切なのは、投資物件の空室期間を短くすること。入居者が集まりやすい優良物件を選び、高い入居率を維持して「ローリスク・ロングリターン」を目指そう。

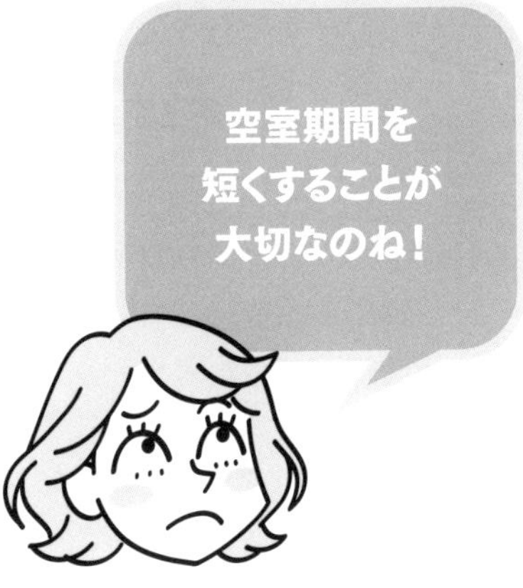

「中長期の運用スタンス」が成功の秘訣！

家賃を使って月々返済していけば、いずれ売却益が出るようになる！

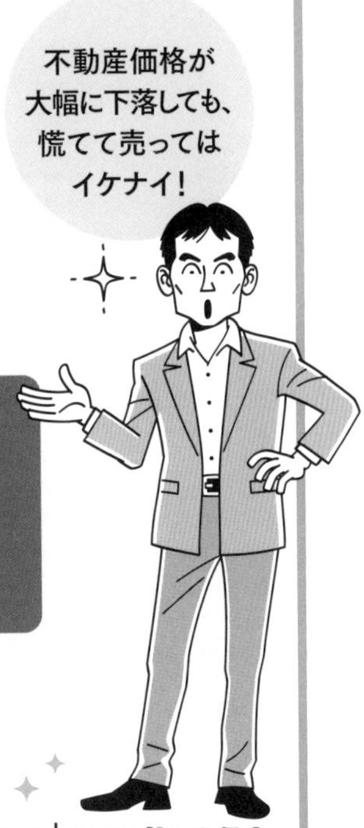

不動産価格が大幅に下落しても、慌てて売ってはイケナイ！

＼こうなれば成功!!／

家賃収入の累計＋売却代金 ＞ ローン残高＋これまでに投じた自己資金

高い入居率を維持して「ローリスク・ロングリターン」を目指そう！

Lesson 2

面倒な管理は専門会社にまるっとお任せ！

不動産投資では、建物の管理・メンテナンスのほか、入居者の募集や契約、家賃の集金、滞納時の督促、クレーム対応など、さまざまな建物・賃貸管理業務が発生する。区分保有のみの場合でも賃貸管理が必要だ。

管理業務をプロに一任すれば毎月の家賃を確認するだけ

不動産投資が「賃貸経営」といわれるように、この管理業務の巧拙が収益にも大きく影響してくる。管理が行き届いていないと、不満を持った入居者が退去してしまい、空室期間が長くなるリスクが高まるからだ。

そのうえ、入居者から「エアコンが効かない」「水漏れがある」といった連絡も入ってきて、早急な対処を求められることもある。日中仕事を持つ会社員は対応が難しいだろう。しかし心配は無用。管理業務は専門の「不動産管理会社」にアウトソーシングできるのだ。

専門知識は必要なく、管理を一任すれば、あとは毎月入ってくる家賃を確認するだけ。月々の管理委託手数料は「家賃×5～10%程度」。こうした購入後の諸費用も含めて資金計画を立てよう。

どんなに魅力的な物件でも、長期にわたる賃貸経営では入居者の入れ替わりが一度や二度は必ず発生する。その時になかなか決まらず空室期間が長引くと、返済計画に支障をきたすことにもなりかねない。実際、多くのオーナー（不動産の所有者）が不動産管理会社を利用している。管理会社は、家賃が入らないと自分たちの収入減になるため、空室にならないようにしっかりと管理をしてくれるはずだ。

空室リスクの心配を取り除く、家賃保証という仕組みもある

こうした手間のかかる管理業務を専門家に任せ、空室リスクもなくす方法として「サブリース契約（家賃保証契約）」もある。これは、不動産管理会社がオーナーか

無理なく不動産投資を続けられる仕組みを作ろう

家賃 ←
→ 管理委託手数料

家賃 ←
→ 管理業務

専門知識は不要！
すべて任せられる

賃貸管理

- 入居者の募集・契約
- 契約の更新・解約
- 家賃の集金（滞納時の督促）
- クレームやトラブルへの対応
- 退去時の立ち会い・クリーニング
など

建物管理

- 建物のメンテナンス
- 設備のメンテナンス
- 共用部の清掃
- 修繕
- 管理費・修繕積立金などの管理
など

ら賃貸物件を借り上げて入居者に転貸し、入居者の有無にかかわらず家賃保証をするというもの。

一般に「家賃×80〜90%程度」の金額が保証賃料としてオーナーに支払われる。敷金や礼金が受け取れないといったデメリットもあるが、空室になる不安をなくしたいという人は利用を検討してみよう。

「マンションは管理を買え」といわれるほど、不動産管理業務は重要なポイントだ。不動産管理会社との付き合いは長期にわたる。信頼できるパートナーを見つけ、安心して不動産投資を続けられる仕組みを作ることが大切といえる。

不動産投資が生命保険代わりになる

金融機関の不動産投資ローンを利用して賃貸物件を購入する場合、一般に「団体信用生命保険（団信）」の加入が条件となる。団信とは、ローンを組んだ人（オーナー）が死亡、または高度障害状態になった時に、ローンの残債が保険金で支払われる保険のこと。住宅ローンに付けられる団信と仕組みは同じだ。

ローン返済済みの賃貸物件と家賃収入を家族に残せる

つまり、もしオーナーであるあなたに万一のことがあった時は、ローンの返済が終わった賃貸物件と月々の家賃収入を家族に残すことができる。多額の保険金が遺族に支払われる生命保険と同じような効果があるわけだ。不動産投資の場合はひと月ごとに家賃収入が遺族に入るため、一気に使いすぎてしまう心配もいらない。もしまとまったお金が必要な時は、物件を売却して現金に換えることもできる。

団信の保険料は、住宅ローンに特化したものであるため、一般的な生命保険に比べて割安というメリットもある（加入者が若年層の場合は、一般の生命保険のほうが割安になることもある）。しかも、保険料はローンの金利に上乗せされる形になるので、家賃収入から支払える。保有物件の資産価値や家賃収入によっては、現在入っている生命保険を見直して家計への負担を軽くすることもできるだろう。

ただし、団信の保障期間はローンの返済期間と連動し、完済すると保障も終了となるので、そこは注意が必要だ。ライフプランをしっかり考えよう。

リタイア後の安心感も不動産投資なら手に入る

リタイア後に向けて、個人年金保険に入っている人も多いだろう。実は、不動産投資の仕組みと団信は、それと比べても魅力が大きい。

万一のリスクに
備えられるよ！

個人年金保険は一定年齢まで保険料を積み立て、その積立金を基に年金を受け取る仕組みだ。しかし、年金の受給期間中に本人が死亡すると、個人年金保険の種類によっては、その時点で年金はもらえなくなる。

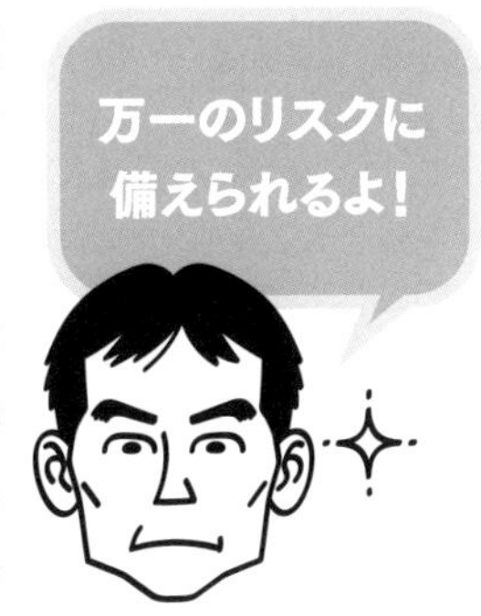

だが、不動産投資なら、リタイアする前にローンを完済すれば、家賃収入がそのまま年金代わりになるし、本人が死亡しても家賃収入はずっと続く。仮にローン返済中にあなたが病気になってしばらく働けなくなっても、返済額の大半は家賃収入で賄えるという利点もある。前述のとおり、団信に加入していれば、万一の時にはローン返済済みの賃貸物件と月々の家賃収入を家族に残せる。

万一の時はどうなる？～団体信用生命保険の仕組み

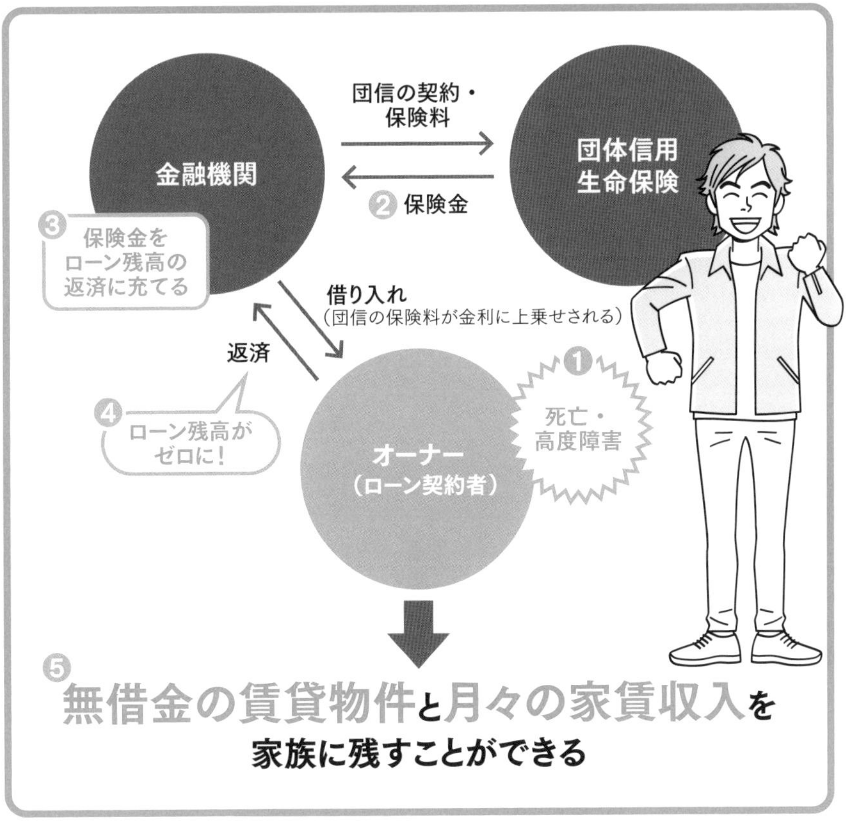
団信の契約・
保険料
金融機関
団体信用
生命保険
②保険金
③保険金を
ローン残高の
返済に充てる
借り入れ
（団信の保険料が金利に上乗せされる）
返済
①
死亡・
高度障害
④ローン残高が
ゼロに！
オーナー
（ローン契約者）
⑤無借金の賃貸物件と月々の家賃収入を
家族に残すことができる

Lesson 4

インフレ対策としても効果が大きい!

インフレが進むと、物価が上がって今まで100万円で買えたモノが120万円出さないと買えなくなったりする。これはつまり、「お金の価値が目減りした」ということ。金利の低い預貯金のみで資産を保有していると資産価値も目減りしてしまう。

こうしたインフレへの対策として重要なのは、値上がりが期待できるモノに投資すること。その有効な手段の一つが「不動産投資」だ。

不動産投資がインフレに強い3つの大きな理由とは

なぜ、不動産投資はインフレ対策として有効なのか。主な理由として次の3つが挙げられる。

1つ目は、物価が上がるとともに「家賃の上昇」が期待できることだ。物価と家賃は相関関係にあり、物価が上がると家賃も上昇する可能性が高い。実際、消費者物価指数（総合）が2013年から20年にかけて緩やかに上昇している（右ページの図参照）のに対し、総務省「平成30年住宅・土地統計調査」（5年ごと）によると、1カ月あたり家賃・間代は専用住宅で13年から18年にかけて3%増となっている。

2つ目は、「不動産価格の上昇」が期待できること。物価と不動産価格も相関性が高く、物価が上がると不動産価格も上昇する可能性が高い。国土交通省の「令和4年度 住宅経済関連データ」によると、右ページの図のとおり、13年以降、首都圏のマンション価格も右肩上がりで推移している。つまり、インフレが進むと保有している不動産価格も値上がりし、売却益が得られる可能性も高まるというわけだ。

そして3つ目は、インフレが進むとオーナーの収入が増えてローン返済の負担が軽くなりやすいこと。一般的に、インフレ下では景気がよくなるといわれ、企業の収益も上がって給料がアップし、物価が上がるとともに家賃の上昇も見込まれるからだ。ただし、インフレになると金利が上がりやすく、変動金利のローン金利も上がる可能

物価と不動産価格は相関性が高い

物価が2013年から20年にかけて緩やかに上昇しているのに伴い、
首都圏のマンション価格も右肩上がりで推移していることがわかる。

●2020年を基準（100）とした消費者物価指数（総合）の推移

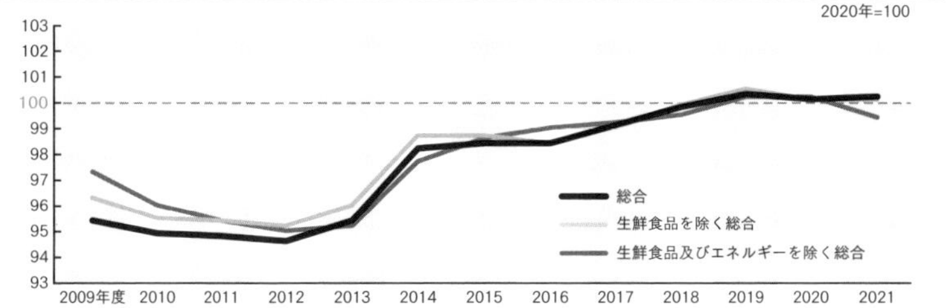
2020年=100
103
102
101
100
99
98
97
96
95
94
93
総合
生鮮食品を除く総合
生鮮食品及びエネルギーを除く総合
2009年度
2010
2011
2012
2013
2014
2015
2016
2017
2018
2019
2020
2021

出所：総務省「2020年基準 消費者物価指数」

●首都圏マンション平均価格の推移

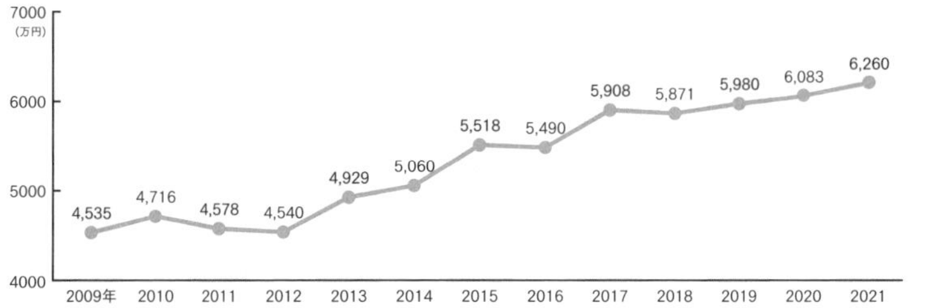
7000
(万円)
6000
5000
4000
4,535
4,716
4,578
4,540
4,929
5,060
5,518
5,490
5,908
5,871
5,980
6,083
6,260
2009年
2010
2011
2012
2013
2014
2015
2016
2017
2018
2019
2020
2021

出所：国土交通省「令和4年度 住宅経済関連データ」

性がある。しかしその場合も、収入が増えて繰り上げ返済できれば、金利負担を軽減することが可能だ。

長期で資産形成を考えるならインフレに強い不動産投資を

日本ではこれまで長くデフレが続いてきたが、現在は資源価格の高騰もあって値上げラッシュが起きており、今後どうなるかはわからない。10～30年といった長期の資産形成を考えるなら、インフレに強いとされる不動産投資は有力な資産形成の手段となるだろう。

家賃や不動産価格も
上がるということね！

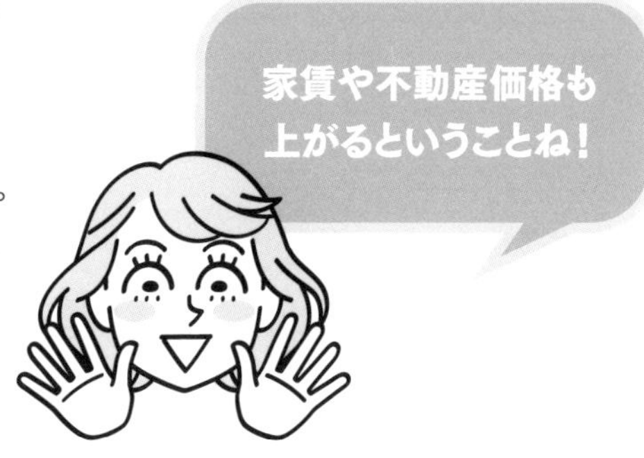

Lesson 5

損益通算で節税効果が! 相続対策にも!!

給与と家賃収入の両方が毎月入ってくるのはうれしいことだが、気になるのが税金だ。だが、不動産投資には節税効果が期待できるというメリットもある。

賃貸経営が赤字になっても損益通算で所得税軽減に

もし不動産所得が赤字になったら、1年分の利益と損失を相殺する損益通算により、所得税の課税対象となる所得（課税所得金額）が少なくなるため、確定申告で払いすぎている税金が還付される。

とはいえ「賃貸経営が赤字になっていたらマズイのでは」と思うかもしれない。しかし、不動産投資では減価償却費が経費として計上できるため、「キャッシュフロー（現金の流れ）は黒字」であっても「帳簿上は赤字」という状態があり得る。

減価償却とは、固定資産の購入費用を使用可能期間にわたり分けて費用計上する会計処理。不動産投資の場合は、建物の減価償却費が経費として認められている。

このほか、経費にできるのは管理費や修繕費、借入金利子（赤字の場合は土地にかかる借入金利子は損益通算の対象外）、租税公課（国や地方に収める税金など）、損害保険料、仲介手数料など。家賃収入から経費を引いた金額が赤字になると、課税所得金額が下がるため、税金が戻ってくるというわけだ。

例えば、右ページの図のように課税所得金額（給与）が700万円で、不動産所得が▲134万円だった場合、課税所得金額は566万円に下がる。したがって、税金の還付が受けられるようになる。ただし、賃貸経営の赤字額が大きくなると金融機関の評価が悪くなり、次に借りる時に不利となる可能性もある。

投資用不動産の所有は相続対策にも有効となる

また、不動産投資は相続対策としても有効だ。投資用不動産（投資を目的として保有する建物・土地）は、時価で計算される現金や株式とは違い、評価額で計算される。評価額が低いほど支払う相続税は少なくなり節税になるというわけだ。

一般に投資用不動産の評価額は、建物が取得価格の50〜60%程度、土地は地価公示価格の80%程度になることが多く、さらにマンション用地は20%程度が減額される。相続対策を考えているなら、相続税の対象となる価額を大幅に圧縮できる点も見逃せないだろう。

不動産投資の損益通算の例

- 3000万円の新築ワンルームマンションを頭金2万円で購入したケース（初年度）
- 本人の給与による課税所得金額は700万円

家賃収入　家賃8万円（月額）×12カ月＝96万円

経　費　減価償却費（新築）、借入金利子、租税公課、旅費交通費、通信費、接待交際費など
経費合計　230万円

不動産所得　家賃収入96万円－経費230万円＝▲134万円（赤字）

損益通算　課税所得金額700万円－不動産所得▲134万円
＝課税所得金額566万円

課税所得金額が
700万円から566万円に下がることで、
税金の還付が受けられるようになる！

Lesson 6

不動産投資の2大リスクに備える

不動産投資は保有物件の値下がりリスクや金利上昇リスク、流動性リスクなどさまざまなリスクを伴う。なかでも2大リスクといわれるのが、ここまで何回か触れたとおり「空室リスク」と「家賃下落リスク」だ。

家賃収入が安定しないとローン返済の負担が重くなる

空室リスクとは、入居者が決まらず家賃収入がなくなるリスクのこと。空室期間であっても、毎月のローン返済や管理費などの支払いは続いていく。長引けばローン返済の負担が重くのしかかり、資金計画の修正が必要になるかもしれない。

一方、家賃下落リスクは、当初想定していた家賃を下回るリスクのこと。時間の経過とともに、いやがおうでも建物や設備は老朽化していく。つまり、家賃の下落圧力が高まるわけだ。それならと家賃を下げれば、入居者が早く決まるかもしれないが、大幅な値下げはキャッシュフローの悪化を招く可能性がある。

以上の2大リスクを小さく抑えることこそ、安定した賃貸経営を続ける鍵だ。では、どのような対策を打てばいいのだろうか。

2大リスクを小さく抑える4つの方法を実践しよう

まず1つ目は、入居者に人気の高いエリアで物件を持つこと。入居者が集まりやすい場所は空室期間が短く、安定した家賃収入が期待できる。

2つ目は、リフォームしたり最新設備を入れたりして物件の魅力を高めること。空室リスクを減らし、家賃水準を維持する効果が期待できる。具体的には、オートロック、宅配ボックス、Wi-Fi、テレビモニター付きインターフォンなどだ。

3つ目は、「入居者探し」に強い不動産管理会社を選ぶこと。入居者の募集業務が得意な会社と契約すれば入居率が上がり、家賃収入が安定するはず。

空室リスクと家賃下落リスクを小さく抑える方法

1 入居者に人気の高い
エリアで物件を持つ

2 リフォームや最新設備の導入
によって物件の魅力を高める

3 「入居者探し」に強い
不動産管理会社を選ぶ

4 物件の保有数を増やす

＋

空室リスクを回避できる
「サブリース契約」

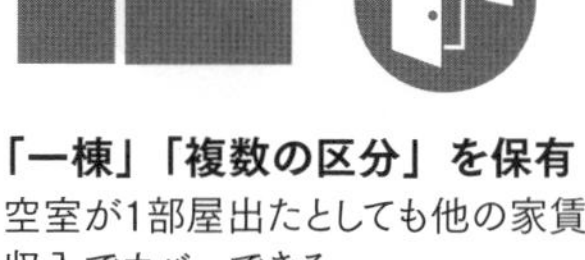

「一棟」「複数の区分」を保有
空室が1部屋出たとしても他の家賃収入でカバーできる。

4つ目は、物件の保有数を増やすこと。複数の区分マンション、あるいはマンション一棟を保有すれば、空室が1部屋出たとしても他の家賃収入でカバーできるため、空室リスクを低減することが可能になる。

また、「サブリース契約」を利用すれば、空室リスクを回避することが可能だ。保証賃料や契約内容が会社によって異なるため、事前にきちんと確認しておこう。

Lesson 7

区分所有と一棟所有 どちらがいい？

不動産投資には、マンションを部屋単位で購入する「区分所有」と、丸ごと購入する「一棟所有」がある。どちらがあなたが目指す不動産投資に向いているだろう。

空室リスクはあるが流動性がいい区分所有

まず、区分所有のメリットは、何といっても一棟に比べて価格が安く、少ない資金で不動産投資が始められること。一部屋なので不動産管理会社への委託手数料も安く抑えられる。補修などの費用も一棟所有に比べれば少額で済む。

また、一棟に比べて流動性が高く、売りやすいのもメリットだ。立地など条件のいい物件であれば、急な売却時でも買い手が見つかりやすい。

デメリットとしては、空室リスクが大きい点が挙げられる。一棟の場合は1部屋が空いてしまっても他の部屋の収入でカバーできるが、1部屋だけの場合は空室になると収入が途絶えてしまう。その対策として、区分を複数所有するという方法もある。エリアが異なる複数の区分を持つことを検討してみてはどうだろう。地震や火事など、災害リスクの分散にもつながる。

家賃収入は当然ながら一棟に比べて区分のほうが少ない。にもかかわらず経費はそれなりにかかるから、一般に区分は一棟より経費負担が重くなり、諸経費を加味した実質利回りが低い傾向がある。

投資額は大きいが自由度が高い一棟所有

一方、一棟の場合は土地を単独で所有するため、担保としての評価が高く、金融機関の融資が受けやすいというメリットがある。区分所有とは逆に空室リスクが小さく、中長期的に安定した家賃収入が期待できる。空室は避けられないものと考え、適切な空室率で収支計画を立てておけば、安定したマンション経営が望めるだろう。

一棟を丸ごと所有するため、経営の自由度が高く、物件の魅力を高めやすいのもメリットだ。建物の外壁や共用部のリフォーム、最新設備の導入などによって家賃の維持や引き上げも可能になる。

一棟の大きなデメリットは、やはり投資額が大きく、流動性が低いこと。売却したくても買い手がなかなか見つからず、損失が拡大してしまうリスクがある。

こうしたメリット・デメリットを下図にまとめてみた。区分所有のメリットは一棟所有のデメリットに、一棟所有のメリットは区分所有のデメリットになりやすい。自分の予算や知識、経験などを踏まえて、どちらが適切なのかを考えてみよう。

マンションの区分所有と一棟所有の比較

	区分		一棟	
自己資金	少ない資金で投資できる。	○	投資額が大きく、多額の自己資金が必要。	×
融資（資金調達）	担保評価が低い（土地が一部所有のため）。	×	担保評価が高い（土地もすべて所有するため）。	○
空室リスク	大きい。1部屋所有なので入居者がいなくなると収入はゼロに。区分を複数所有する方法もある。	△	小さい。1部屋が空室になっても他の部屋の収入でカバーできる。	○
収入	1部屋だけなので家賃収入が少ない。	×	部屋数が多いぶん、家賃収入も多い。	○
流動性	高い（売却しやすい）。	○	低い（売却しにくい）。	×
経営の自由度	小さい。部屋のリフォーム、最新設備の導入に限られる。	△	大きい。建物・共用部・部屋のリフォーム、最新設備の導入が可能。	○

どちらが適しているかは、
予算や知識、経験などによって変わってくる！

Lesson 8

優良物件はどうやって探せばいいの？

空室リスクや家賃下落リスクを抑え、将来にわたって安定した家賃収入を得るには、入居者に人気のある優良物件を見つけることが不可欠だ。

では、どのようにすれば優良物件に出合えるのだろうか。

立地条件を検討する際は3つのポイントをチェック

まずは、予算（自己資金およびローンで調達できる資金）や物件のタイプ、エリアなどの取得方針を決めることが先決だ。例えば、「予算3500万円、新築・区分マンション、東京都内」「予算２億円、中古一棟マンション、大阪」といったように、おおよその条件やターゲットを定めると情報が集めやすい。

立地条件が大切なのか！

もっとも重要なのは「需要が多い立地」を選ぶこと。どんなに素敵な物件でも、立地が悪いと入居者が集まらず空室率が高くなる。ポイントは「利便性」「将来性」「希少性」の３つ。

利便性については、駅からの距離、病院や学校など周辺施設の充実度、買い物のしやすさなどをチェックしよう。最寄り駅や周辺地域の再開発予定など、そのエリアの将来性を把握しておくことも大切だ。日本の人口減少を踏まえ、周辺エリアの人口推移も確認しておきたい。

ただし、よい立地であっても、競合する物件が数多く存在するエリアは要注意。今後、競争が激化して空室リスクや家賃下落リスクが高まる可能性が高い。つまり、立地条件がよく、付近に競合するマンションが少ない希少性のあるエリアが理想なのだ。

不動産投資の第一歩は信頼できるパートナー探し

こうした情報収集や購入をサポートしてくれる不動産会社選びも重要。なかには不動産投資の初心者向けセミナーを開催している会社もある。参加すれば不動産投

資の勉強になるし、その会社の実績や信頼度などもわかるだろう。パートナーにふさわしい不動産会社を見つけたら、信頼関係を築くためにも本気で買う意思や物件の取得方針、金融機関から借り入れできる信用力があることを伝えておきたい。

優良物件は買いたい人が多いため、チャンスを逃さないように素早く決断することも必要だろう。そのためには、金融機関にいくらまで借りられるのかなどを早めに打診し、与信枠（貸出限度額）を把握しておこう。

太陽光発電のための土地と設備を購入し売電して利益を得る太陽光発電投資に注目！

今注目を集めている「太陽光発電投資」。太陽光発電の専用設備（土地を含む）を購入し、発電した電力を売ることで利益を得る投資手法だ。これは、2012年からスタートしたFIT制度、つまり、再生可能エネルギーで発電した電気を、電力会社が一定価格で一定期間買い取ることを国が約束する制度がベースとなっている。基本的に、太陽光発電を稼働開始した年から20年間はずっと同じ価格で売電できるのだ。

太陽光発電投資のメリットは、20年間買い取り価格固定のため良好な利回りが期待できること。また、太陽光発電設備は減価償却でき、相続税対策にもなる。さらに設備の保証期間は長く、減価償却後も稼働が望める。

もちろん設備の立地に思わぬ問題が生じたり、設備そのものに欠陥があったり、水害や地震といった災害に見舞われる可能性もある。そこは注意が必要だが、まっつんも現在2基保有しているという太陽光発電投資、今後も注目度は高まりそうだ。

専門知識がなくても大丈夫
投資を始める前に覚えよう!

不動産投資の用語集

管理委託手数料
(かんりいたくてすうりょう)

所有している一棟マンションや区分マンションなどの管理を、不動産管理会社に依頼した時に支払う料金。

管理規約
(かんりきやく)

マンションにおける快適で安全な生活環境を維持するための基本的なルール。国土交通省がガイドラインとして「マンション標準管理規約」を作成しているが、詳細はマンションごとに異なる。

管理費
(かんりひ)

マンションの共用部(エントランスやエレベーターなど専用部以外の場所)の日常的な清掃や補修、備品などに使われる費用。区分所有者は毎月支払う必要がある。負担額はマンションごとに「管理規約」で定められている。

管理組合
(かんりくみあい)

マンションの建物や敷地などを共同で管理するための組織。区分所有者全員が組合に入り、マンションを適切に維持・保全するための運営を行う。

金利上昇リスク
(きんりじょうしょうりすく)

市場金利の上昇に伴い、変動金利で借りているローンの金利が上がり、返済負担が増えるリスクのこと。

区分
(くぶん)

マンションの部屋単位を示す。区分所有とはマンションの一室を保有すること。

サブリース契約
(さぶりーすけいやく)

不動産管理会社がオーナーから賃貸物件を借り上げ、入居者に転貸(又貸し)する管理形態。毎月定額の家賃保証があるため空室リスクの心配はなくなるが、収益性は低くなる。

実質利回り
(じっしつりまわり)

仲介手数料など購入時の費用や、管理費など運営にかかる費用を加味した利回り。不動産投資の指標の1つで、「表面利回り」よりも実際の収益性に近いとされる。

修繕積立金
(しゅうぜんつみたてきん)

将来のマンション共用部の大規模な修繕のため、長期修繕計画に基づいて毎月一定額を積み立てるお金。大規模修繕は資産価値を落とさないように定期的(12年ごとなど)に行われる。

団体信用生命保険
(だんたいしんようせいめいほけん)

団信。ローン返済中に契約者が死亡、または高度障害状態になった時、ローンの残債が保険金で支払われる保険。万一の時に家族を守れる。

不動産管理会社
(ふどうさんかんりがいしゃ)

オーナーに代わって賃貸物件を管理する会社のこと。管理業務は建物のメンテナンスなどを行う「建物管理」と入居者の募集や家賃の集金などを行う「賃貸管理」の2つに分けられる。

不動産投資ローン
(ふどうさんとうしろーん)

投資を目的として不動産を購入する人に対し、金融機関が提供しているローン商品。一般に団体信用生命保険の加入が条件とされている。

表面利回り
(ひょうめんりまわり)

不動産の収益性を判断する代表的な指標。「年間の家賃収入÷物件価格×100」で算出する。

流動性
(りゅうどうせい)

不動産投資では「物件の売買の容易さ」を指す。売買しやすいことを「流動性が高い」という。一般にマンション一棟よりも区分のほうが流動性が高いとされる。

FX（外国為替証拠金取引）

●●●●●

円安でも円高でもチャンスあり!
仕事の合間にお小遣い稼ぎ

FXってどんな取引ですか?

通貨ペアの値動きを予測して儲ける

ハジメ　大好きなポテチが値上げだー!

ミノリ　それって円安の影響かも。2022年から円安基調が続いていて、海外から輸入する原料や資源が値上がりしているから。

まっつん　ミノリさん、よく知っているね。日本は製品の原料を海外に頼る国だから、円安だとインフレになりやすいんだ。だから「生活防衛のために外貨投資が欠かせない」などといわれたりする。

円安で物価は上がったが、外貨投資で儲かった人も!

まっつん　為替レートは「1米ドル=100円」なんて表すよね。100円だった1米ドルが150円になるのが円安。

ハジメ　数字が増えているのに「安」?

ミノリ　1米ドルと交換するのに100円払っていたのが150円払わないといけなくなった。つまり円の価値が安くなったということですね。

まっつん　正解。米ドルの側から見たら、1米ドルで100円もらえていたのが、150円もらえるようになるから、円安とはドル高でもあるんだ。

ハジメ　つまり1米ドル100円の時にドルを買って、150円で円に戻せば儲かる?

まっつん　そのとおり。円が高い時に外貨を買って、円が安くなったら再び円に戻すのが外貨投資の基本だよ。22年は円安でモノの値段が上がったけれど、外貨投資をしていた人たちは儲かったという話も聞く。まさに生活防衛だよね。

ハジメ　外貨投資か……、どんな商品があるんですか?

まっつん　オススメはFX。コストが安くて投資できる外貨の種類も多いんだ。

取引したい通貨ペアを選んでその値動きを予測する

ハジメ　FXってよく耳にしますけど、どんな取引なんですか。

まっつん　さっきのように米ドルと円の値動きを予測して取引したいなら、「米ドル／円」という通貨ペアを選ぶ。為替レートは2通貨の交換比率だから、FXで取引するのは「米ドル」や「ユーロ」といった通貨単体ではなく、「米ドル／円」や「ユーロ／円」のような通貨ペアになるというわけ。

ミノリ　「米ドル預金」や「豪ドル預金」などの外貨預金とは違うんですね。

まっつん　そう。「ユーロ／米ドル」や「豪ドル／米ドル」などの取引もできるよ。

ハジメ　ユーロと米ドルの取引、なんだか難しそう……。

まっつん　大丈夫。「FXは通貨ペアが上がるか下がるかを予測して儲ける」と覚えておけば充分。とてもシンプルだし少額から始められる。何より平日ならほぼ24時間取引できるから、夜間に副業タイムなんてこともOKだよ。

FXは通貨ペアが上がるか下がるかを予測して儲ける

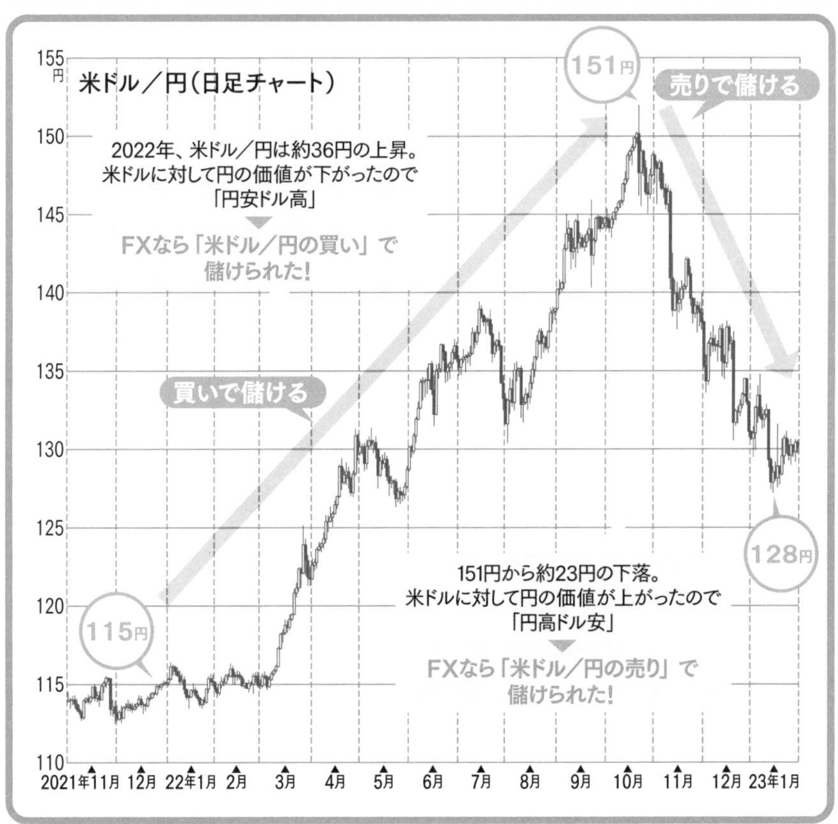

※データ提供：TradingView

Lesson 1

FXには2つの儲け方がある!

上がり下がりを繰り返す為替レートの波に乗り儲ける

FXで儲けるには2つのやり方がある。メインとなるのは「為替差益」を狙うやり方だ。

米ドル/円の取引の場合、米ドルが円より強くなる(円安になる)と思ったら米ドルを買って円を売る。例えば、1米ドル140円で買って141円で決済すると1円の儲けになる。こうやって為替レートの値動きを予測し、株取引と同様に、安いところで買って高いところで決済すれば利益になる。これが為替差益だ。ちなみに、通貨ペアの先に書いてあるほうの通貨が「買い・売り」の基準となる。「米ドル/円の買い」は、米ドルを買う取引ということだ。

株と違うのは、FXでは「売り」からも取引を始められること。米ドルが円より弱くなる(円高になる)と予測するなら米ドル/円を売りで取引してみよう。売りでも為替差益の考え方は同じ。141円で売って140円で決済すれば1円の儲けだ。

なかには、1円の儲けじゃ物足りない、という人もいるかもしれない。だからFXでは、1000通貨や1万通貨が基本的な取引単位となっている。1万通貨で取引して1米ドルあたり1円の為替差益なら、利益は1万円になるというわけだ。

高金利通貨を買うともらえるスワップ金利(金利差益)

もう1つの儲け方は「金利差益」だ。外貨預金でいう金利と似ているが、FXでは「スワップ金利」と呼ばれ、2通貨の金利の差額が源泉となる。

例えば、米ドル/円を買ったとする。スワップ金利は「売った通貨の金利を払って、買った通貨の金利をもらう」のが基本。仮に円の金利が年0.25%、米ドルの金利が年5%だったら、0.25%を払って5%もらうことになり、差額の4.75%が金利差益に。米ドル/円を100万円分買っていたとすると、年4万7500円だ。FXのスワップ金利は土日も含め毎日発生するから、この場合、4万7500円を365日で割った約130

円が1日のスワップ金利となり、毎日チャリンチャリンと口座に反映される。

ただし、気をつけなければいけないのは、スワップ金利が支払いになる場合もあること。買った通貨の金利が売った通貨の金利よりも低ければ、スワップ金利は支払いになってしまう。円の金利は世界的に見ても最低水準。「米ドル／円の売り」や「豪ドル／円の売り」など、高金利通貨を売って円を買う取引ではスワップ金利が支払いになりやすいので注意しよう。なお、スワップ金利はFX会社によって金額が異なる。

FXの利益の源泉は2種類ある

●米ドル／円の取引の場合

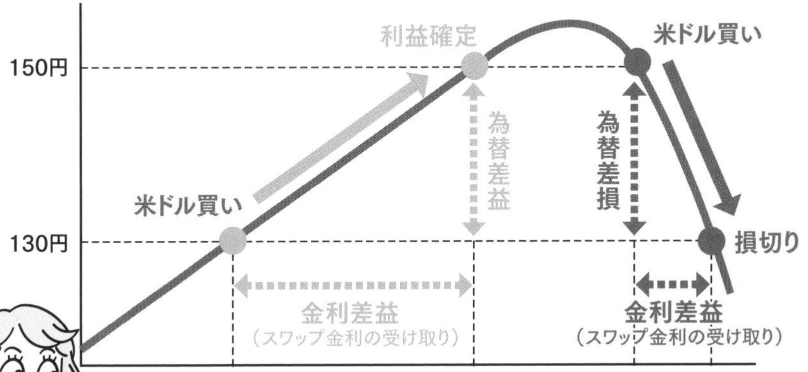

米ドルを買って上がった時の損益

- 1ドルあたり20円（150円－130円）の利益！
- 取引数量が1万ドルなら20円×1万ドルで20万円の利益に！
- 保有していた日数分のスワップ金利が受け取りに！

米ドルを買って下がった時の損益

- 1ドルあたり20円（130円－150円）の損失！
- 取引数量が1万ドルなら20円×1万ドルで20万円の損失に！
- 保有していた日数分のスワップ金利が受け取りに！

Lesson 2

FXはコストの安さが圧倒的！

FXの最大の魅力は、なんといってもコストの安さだ。代表的な外貨投資商品である外貨預金と比べてみると、そのすごさがよくわかる。

外貨預金と比べて“ケタ違い”にコストが安い

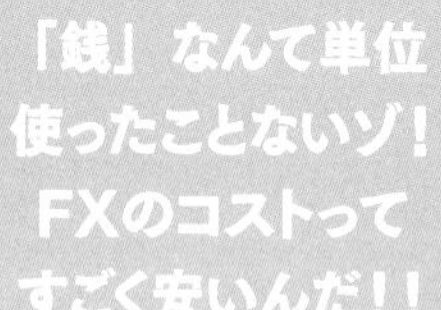

例えば、1万米ドルを取引する場合、外貨預金では日本円を米ドルに両替して1万ドル預けることになる。その時にかかるコストは「為替手数料」。両替レートに含まれる手数料だ。都市銀行やインターネット専業銀行など金融機関によって違いはあるが、1米ドルあたり片道25銭～1円程度かかる。25銭なら1万ドルあたり2500円となり、1円だと1万ドルあたり1万円となる。

一方、FXの場合、ほとんどの会社で取引手数料は無料だ。ただし取引する際、買値と売値が異なり、その差である「スプレッド」がコストとなる。

このスプレッド、相場の状況によって価格は異なるものの、概ね1米ドルあたり0.2銭～となっている。つまり、米ドル／円で1万ドルの買い取引をすると、コストは20円。外貨預金に比べて“ケタ違い”に安いのがわかるだろう。外貨投資でFXが支持される大きな理由となっている。

相場の状況によってスプレッドが広がる理由

とはいえ、前述のとおり、FXの実質的なコストであるスプレッドは、相場の状況によって変わる。FX会社のスプレッドの説明を見ると、「0.2銭原則固定（例外あり）」という注記が付いている場合がある。

どんな時が「例外」かというと、東京市場が始まるまでの早朝や、米国雇用統計や米国CPIなどの重要な経済指標が発表される時間帯などだ。

FXはスプレッド（コスト）を確認しながら取引できる

FXの取引画面例（イメージ）

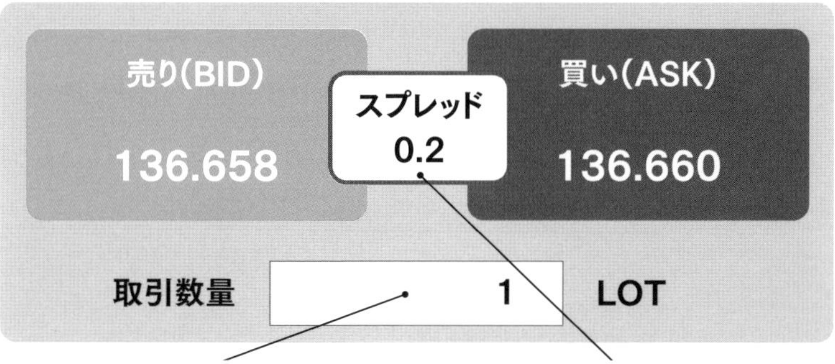

売り(BID)	スプレッド	買い(ASK)
136.658	0.2	136.660

取引数量 1 LOT

取引数量は1万通貨を1ロットとする会社が多い。1000通貨の場合は0.1ロットとなる。FX会社によっては1ロットが1000通貨の場合もあるので必ず確認しよう。

買値と売値の差であるスプレッドが真ん中に表示されていることが多い。スプレッドが0.2銭を超えて大きく広がっている時は、初心者は発注を控えたほうがいいかもしれない。

FXの実質的なコストはスプレッド

スプレッドが0.2銭で新規と決済の取引を行うと、1米ドルあたり0.2銭のコストがかかる。1000通貨だと2円、1万通貨だと20円だ。外貨預金ではスプレッド（為替手数料）が片道25銭～1円程度となり、1000通貨で250円～1000円、1万通貨だと2500円～1万円となる。

朝6時台や7時台などの早朝にはスプレッドが2銭、3銭と通常よりも広がることが多く、米国雇用統計発表の直前・直後には10銭、20銭と極端に大きく広がることもある。早朝は市場参加者が少ないため流動性が低下し、経済指標発表の前後は市場が急変しやすいためだ。

こうした時間帯に取引するのは、初心者にはハードルが高いだろう。スプレッドの拡大は「初心者は取引しないほうがいいよ」というアラート（警報）と思えばいいかもしれない。取引画面を開くと為替レートの近くに現在のスプレッドが表示されているので、「大きく広がっていないだろうか」と常に気をつけておこう。また、スワップ金利同様、スプレッドの水準もFX会社によって異なる。

Lesson 3

レバレッジの使い方を知ろう

FXで億単位の資産を築いた、いわゆる「億り人」が多く輩出される背景には、少ない資金で大きな取引を可能にする「レバレッジ」がある。このレバレッジとの付き合い方がFXの成否を分けるポイントの1つとなる。

元手資金が少なくても利益を爆発的に増やせる

レバレッジを高くするほど
少額で取引できるけど、
初心者はやっぱりレバレッジは
低めがいいんだよね

個人投資家がかけられるレバレッジは最大25倍まで。1万米ドル（約130万円と想定）の取引の場合、レバレッジ10倍なら必要な資金は約13万円、25倍なら5.2万円だ。レバレッジの倍率が高いほど元手資金は少なくて済む。

例えば、レバレッジをかけずに元手100万円で取引した場合、10%の利益が出れば儲けは10万円。一方、レバレッジ25倍なら100万円の25倍=2500万円の取引が可能となり、10%の利益が出れば儲けは250万円だ。これが少額でも大きな取引を可能にして、利益を爆発的に増やせるレバレッジの効果だ。

ただし、高いレバレッジをかけた取引は資産が爆発的に増える一方、減る時も加速度がつくため、元手資金が激減するのもあっという間。レバレッジの効果をきちんと理解したうえで使わなければ、即退場といったことになってしまう。

大切なのは自分の取引スタイルに合わせた適切なレバレッジの設定だ。目安は、数秒～数分程度で決済する超短期取引のスキャルピングなら20倍、決済まで数時間のデイトレードなら10倍、数日のスイングトレードなら5倍、長期にわたりポジションを保有するなら3倍といったイメージだ。

基本的に「取引期間が長いほどレバレッジを抑える」のが原則。もっと細かくいえば、「損切り幅」が適切なレバレッジを決める目安となる。

強制ロスカットされないようにレバレッジの倍率を考える

例えば、「超短期で取引したい。だから5銭でも逆に行ったら損切りする」と決めたなら、損切りまでの幅が狭いため20倍のレバレッジでも損切り額は少額となる。しかし、「スワップ金利をもらいながら長期で保有したい。損切りはレートが10円下がったら」という人が同じく20倍のレバレッジにしたら、10円どころか数円下がったところで資金が足りなくなり、「強制ロスカット」されてしまうことも。

強制ロスカットとは、含み損が一定額以上に達し、取引に必要な資金が足りなくなった際、強制的にポジションが決済される制度だ。基準はFX会社によって異なるが、多くは「証拠金維持率が100%以下」。長期でポジションを保有する場合、元手資金を増やしてレバレッジ3倍程度に設定するのが最適なのだ。

レバレッジ1倍と20倍の取引を比較

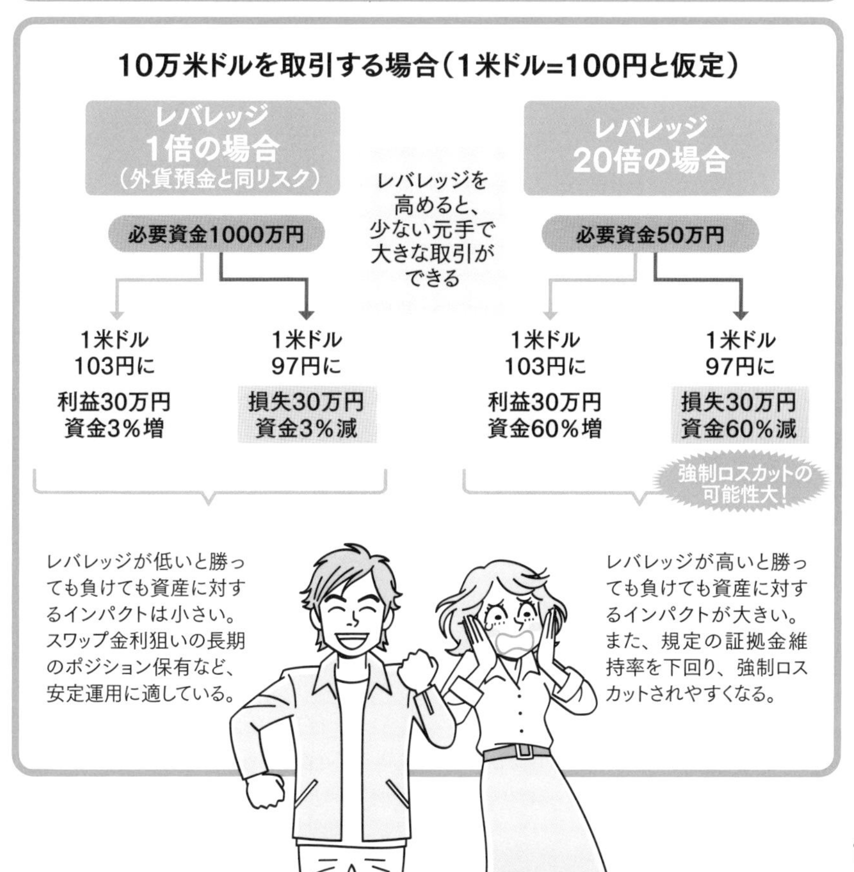

Lesson 4

ワンコインでもOK! 少額から始めよう

日本には主要なFX会社がおよそ50社ほどある。専業会社のほか、証券会社や商品先物会社、銀行系や外資系などがあり、特徴はそれぞれ違う。126、128ページで触れたとおり、スワップ金利やスプレッド水準も会社選びの大きなポイントだが、初心者であれば「最低取引単位」に着目してみてはどうだろう。

1000通貨単位未満で取引できるFX会社もある

株式投資で「単元数」が決められているように、FXでも「1回の注文は最低○通貨以上」といった最低取引単位が決められている。一般的なのは1万通貨だ。

例えば、1米ドル=130円の場合、米ドル/円1万通貨の取引に必要な資金は、ハイリスクになりすぎないレベルのレバレッジ10倍で13万円程度となる。初心者が取引するには少々高額だろう。

最近では、1桁小さい1000通貨単位から取引できる会社も増えている。米ドル/円1000通貨でレバレッジ10倍なら必要な資金は1万3000円程度。ぐっと身近な金額になる。しかし、同時に複数の通貨ペアを取引したり、買い増し、売り増しといった機動的な取引をするには、もう少し必要資金が小さいほうがいい。

そこで注目したいのが「1000通貨未満」で取引できるFX会社だ。主なFX会社のうち数社が1000通貨未満に対応している。なかには1通貨から取引できる会社もある。

1通貨であれば、米ドル/円ならレバレッジ10倍でたったの13円。レバレッジをかけなくても(1倍でも)130円で取引できる。もちろん、1通貨の取引では、たとえ利益が出てもごくわずかで面白みはないかもしれない。しかし、損失もごくわずか。「とりあえず自分のお金で実際にやってみたい」という初心者が練習に使うのにぴったりだ。

「1000通貨未満」で取引できるFX会社

会社名	口座名	最低取引単位	米ドル／円のスプレッド＊1	取扱通貨ペア数	最低必要資金＊2
松井証券	MATSUI FX	1通貨	0.2銭	20	5.2円
OANDA証券	OANDA fxTrade（ベーシックコース）	1通貨	0.4銭	68	5.2円
SBI FXトレード	SBI FXTRADE	1通貨	0.18銭	34	5.2円
SMBC日興証券	日興FX	100通貨＊3	原則固定対象外	28	520円
マネーパートナーズ	パートナーズFX nano	100通貨	0.0銭＊4	21	520円

＊1 原則固定・例外あり。
＊2 米ドル／円の場合。1米ドル＝130円で計算。最低取引単位の取引に必要な金額。
＊3 取扱通貨ペアのうち12通貨ペアで対応。
＊4 1回あたりの注文数量1万通貨まで。
※2023年7月7日時点。

最初は必ず負けると想定し、大金をつぎ込まないこと

さすがに1通貨は少なすぎるというなら、100通貨という手もある。米ドル／円100通貨でレバレッジ10倍なら1300円で取引できる。予測どおりに1円動いたら利益は100円。お小遣い稼ぎにちょうどいい金額かもしれない。

FXの舞台となる為替市場には、個人投資家だけでなく、銀行や証券会社のプロディーラーもいる。そんなプロを相手にして、初心者が最初から勝てるほど甘い世界ではない。ビギナーズラックはあっても、「最初は絶対に負ける」と思って挑んだほうがいい。小さい金額でスタートして、FXの仕組みやリスクを学び、「これならイケる!」と実感を得てから充分な資金を入金すればOKだ。

資金を大切に使いたい人、まずはワンコインで試してみたい人は1000通貨未満で取引できるFX会社に口座を開いてみよう。

Lesson 5

売買タイミングはチャートでつかむ！

FXには売買タイミングをつかむための2つの分析手法がある。景気や政治、金融政策などから通貨の行方を予測する「ファンダメンタルズ分析」と、値動きそのものを手がかりにして予測する「テクニカル分析」だ。

日足チャートを見てトレンドの方向をつかむ

初心者の場合は、為替チャートを見ながら上がりそうか、下がりそうかを予測するテクニカル分析で戦略の骨格を作り、徐々にファンダメンタルズ分析で肉付けしていくのがオススメ。FXのチャートには、月足（つきあし）、週足（しゅうあし）、日足（ひあし）、4時間足、1時間足、15分足、5分足など豊富な種類がある。

最初に見るのは1本のローソク足が1日を示す日足。長期投資家も短期投資家もプロも個人も皆がチェックする一番大事なチャートだ。

為替市場には「上昇トレンド」「下落トレンド」、そして狭い幅で上下する「レンジ相場」の3つしかない。まずは日足で今がどのような相場かを見てみよう。例えば上昇トレンドなら、今日より明日のレートが上がっている可能性が高く、買いが有利になる。

とはいえ、日足だけで判断し即買いすると「高値づかみ」となり、利益が小さくなってしまったり、トレンドが反転して大損する可能性もある。そこで、日足でトレンドを確認したら、今度はチャートを1時間足に変更する。日足とはチャートの景色が一変するはずだ（右ページの図参照）。

「押し目買い」「戻り売り」で収益チャンスにつなげる

チャンスは「日足では右肩上がりなのに、1時間足では落ちてきている」というタイミング。上昇トレンドの途中で一時的に下がった場面は「押し目」と呼ばれる。

1時間足が押し目を作ってから再び上昇を始めたら買ってみよう。こうやって「いずれ上昇トレンドが再開する」と見越して押し目で買うのが「押し目買い」だ。

反対に、下落トレンドの途中で一時的に上がる「戻り高値」で売るのは「戻り売り」という。押し目買いも戻り売りもFXの基本的な戦略の1つだ。

最初はこうやって日足と1時間足、1時間足と15分足など長期→短期の2つ以上のチャートを見ながら、長期チャートのローソク足が示すトレンドに従って押し目買いや戻り売りを狙っていこう。

注意したいのはレンジ相場だ。上がったり下がったりを繰り返すレンジは初心者には勝ちにくい相場。「トレンドが出ていないな」と思ったら様子見するのがいいかもしれない。「休むも相場」だ。

日足と1時間足で売買タイミングを測る

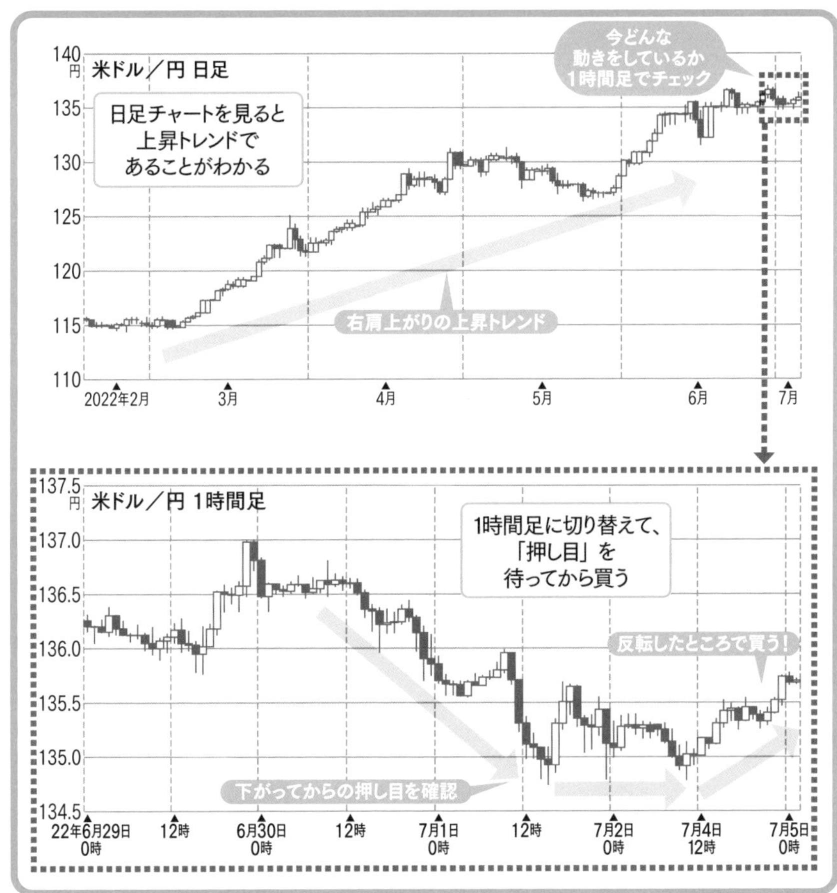

※データ提供：TradingView

Lesson 6

多彩な注文方法でリスク管理もバッチリ！

FXではさまざまな注文方法が用意されている。会社によって種類は異なるが、覚えておきたい注文方法を紹介しよう。

指値と逆指値を使えば戦略どおりの取引が可能に

まず、基本中の基本は「成行」。レートよりも約定（売買が成立すること）を優先する注文方法だ。短期トレードで使われることが多く、市場が勢いよく動いていて1秒もムダにできない時に使う注文方法といえる。もう少し戦略的にじっくりトレードしたい人は「指値」や「逆指値」を活用しよう。いずれもレートを指定して発注する注文方法だ。

指値は「今より安く買いたい」「今より高く売りたい」という時に使う。押し目買いや戻り売りのエントリーに活用でき、保有ポジションの利益確定にも使える。

逆指値は「今より高く買いたい」「今より安く売りたい」という時に使う。わざわざ高く買ったり安く売ったりするなんて、と不思議に思うかもしれないが、主に損切りの場面でこの逆指値が活躍する。例えば、買いポジションを持っていて、「あと1円下がったら損切りしよう」などという時に、今より1円下のレートを指定して逆指値の売り注文を発注するのだ。リスク管理をするうえでとても重要な注文方法となる。

また、逆指値をエントリーに使うこともある。例えば、米ドル／円が135円と136円の間で長く固いレンジ相場を形成していたとする。こんな時、136円を上抜けるか、135円を下抜けると、溜まっていたエネルギーが放出されて勢いよく動きやすい。「上か下かはともかく、抜けた方向に取引したい」と考えるなら、「136.5円に買いの逆指値、134.5円に売りの逆指値」と発注する。

指値や逆指値を
使いこなせば
リスク管理が
しっかりできるのね！

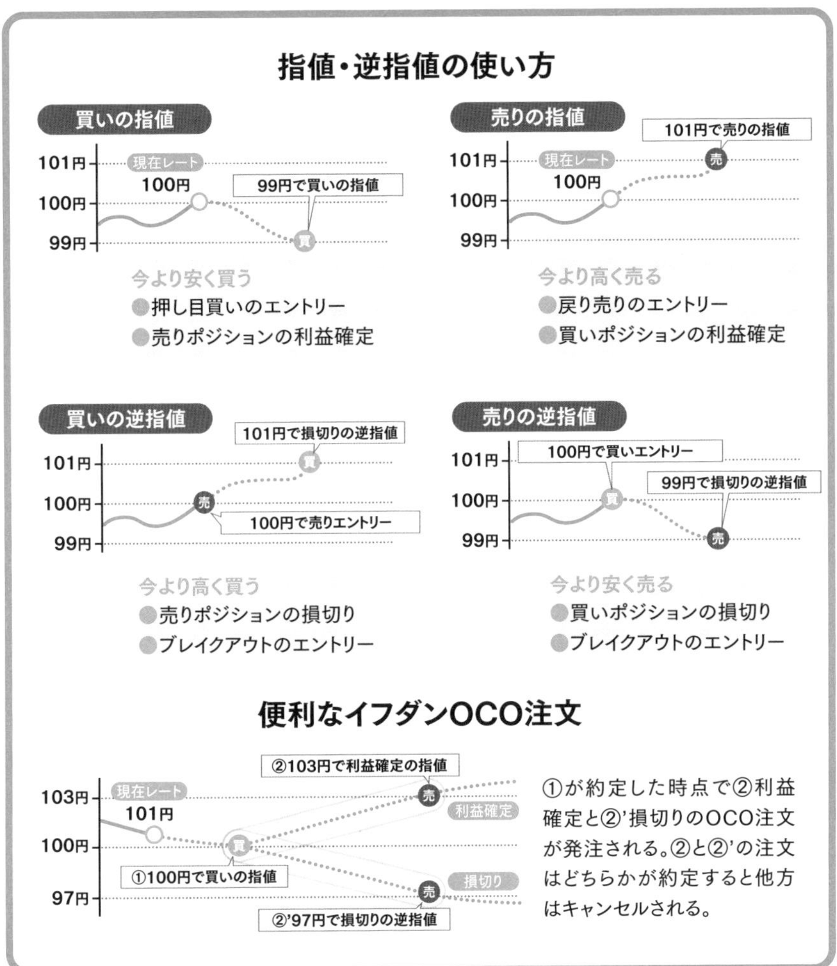

指値と逆指値を組み合わせる「OCO(オーシーオー)注文」もある。この注文方法が便利なのは、片方の注文が約定すると、他方は自動的にキャンセルされること。そのため、保有ポジションの利益確定と損切りを同時に発注する時に有効だ。

さらに、OCO注文にエントリーの指値（逆指値）を組み合わせた「イフダンOCO注文」もある。これを使うとエントリーから利益確定、損切りまで1回の注文で完結する。使いこなせばリスク管理が万全になるだろう。

Lesson 7

高金利通貨を買って スワップ金利を貯める!

FXには「スワップ派」と呼ばれる投資スタイルの人がいる。スワップ金利を主な収益源とし、金利の高い通貨を買って保有する人たちだ。そんなスワップ派に人気なのが、トルコリラ、メキシコペソ、南アフリカランドの「高金利通貨3兄弟」。

政策金利の高さは高インフレの裏返し

各通貨の金利の目安となるのが、中央銀行が決める「政策金利」。円であれば日本銀行が金融政策決定会合で決定するが、2016年1月以降、マイナス0.10%(23年7月8日時点、以下同)となっている。これに対してトルコは15.00%、メキシコは11.25%、南アフリカは8.25%と、いずれも高い水準にある。

「すごい! 今すぐ高金利通貨を買いたい!」と思った人、少し待ってほしい。政策金利の高さは高インフレの裏返しだ。

22年に米国の中央銀行にあたるFRBが未曾有のペースで利上げを続けたのは、高インフレに悩まされたから。50%を超える猛烈なインフレのトルコを筆頭に、メキシコや南アフリカもインフレ率は高めだ。インフレを起こした通貨は長期的には売られやすいとするのがファンダメンタルズ分析のセオリー。実際、トルコリラは10年前の50円台から5円台と下落が続いている。

もちろんインフレ率だけが為替レートを決めるわけではないが、高金利だけに目を奪われると痛い目を見る。新興国に投資をするなら、その国の景気や政治体制、主要産業、さらには主な貿易相手国のファンダメンタルズまで見通しておく必要がある。

また、22年には先進主要国も利上げへ動いたため、米ドルや豪ドル、NZドルなどのスワップ金利も魅力的な水準へと高まっている。新興国よりも安定してスワップ収益を狙っていけるだろう。

スワップ金利狙いでも売買タイミングは要注意

いずれにせよ、スワップ金利目当てでFXをするなら、高金利通貨を買う際に高値づかみは厳禁だ。「時間分散」や「レート分散」を心がけよう。

「毎月25日に1万通貨ずつ買う」といったように、買うタイミングを分散させたり、「過去1カ月の安値」「過去半年の安値」「過去1年の安値」など、これまでの主な安値水準に買いの指値を入れるといった手法でリスクを分散させる。この場合、すべての指値が約定してもレバレッジが高くなりすぎないよう、最大3倍を目安にして、リスク管理にも充分に気を配ることが大切だ。

主な高金利通貨とその国のインフレ率

国（通貨）	政策金利	対円レート	スワップ金利（対円）	インフレ率
メキシコ（メキシコペソ）	11.25%	8.288円	26.1円	6.27%
トルコ（トルコリラ）	15.00%	5.472円	25.0円	50.58%
南アフリカ（南アフリカランド）	8.25%	7.534円	17.1円	5.75%
米国（米ドル）	5.25%	142.094円	200.0円	4.52%
オーストラリア（豪ドル）	4.10%	95.057円	110.0円	5.35%
ニュージーランド（NZドル）	5.50%	88.238円	120.0円	5.45%

※2023年7月8日時点。
※スワップ金利は1万通貨あたり。
トレイダーズ証券「みんなのFX」（23年7月7日）より。
※インフレ率は2023年4月時点、
消費者物価指数上昇率（IMF統計）より。

専門知識がなくても大丈夫
投資を始める前に覚えよう!

FXの用語集

アノマリー
(あのまりー)

「8月は円高になりやすい」「5月は株が売られやすい」など、理由は確かではないが統計的に観測される傾向のこと。「金曜ロードショーでジブリ映画が放映されると株式相場が荒れる」とする「ジブリの法則」などもある。

EA
(いーえー)

FXトレーダーが愛用するチャートアプリ「MT4」(メタトレーダー4)用に開発された自動売買プログラムのこと。FX自動売買の標準となっている。EAの有料販売ではトラブル事例もあるため要注意。

為替市場
(かわせしじょう)

8時頃からの東京市場、16時頃からのロンドン市場、21時頃からのニューヨーク市場と大きく3つに分かれる(夏時間の場合)。各市場が開く時間帯は、レートが動きやすい傾向がある。

経済指標
(けいざいしひょう)

各国の政府や中央省庁、中央銀行が発表する経済に関連する統計。事前予想を大きく上回る、もしくは下回るなど、結果によって為替相場が大きく変動する。代表的なものとしては、GDP(国内総生産)、CPI(消費者物価指数)、米国雇用統計、FOMC、日銀金融政策決定会合などがある。

ストップ
(すとっぷ)

損切りの逆指値注文。「ストップロス」と呼ぶこともある。利益確定注文は「リミット」。

中央銀行
(ちゅうおうぎんこう)

金融政策を司る金融機関。日本では日本銀行。その目的は物価を安定させること。インフレが進めば政策金利を上げて抑え込み、景気が冷え込むと利下げや金融緩和で浮揚させる。自国通貨の安定も目指すため「通貨の番人」と呼ばれることも。ファンダメンタルズ分析では、中央銀行の金融政策がもっとも重要な分析対象となる。

店頭FX
(てんとうえふえっくす)

FXには「店頭取引」と「取引所取引」があり、投資家とFX業者が直接取引することを店頭取引、もしくは相対取引という。業者によって取引環境は異なる。「取引所取引」は取引所を介して取引するFXのことを指す。

仲値
(なかね)

金融機関が外国為替取引をする際の基準となるレートのこと。午前9時55分のレートを基に、午前10時に銀行の窓口に公示する。

ビッド/アスク
(びっど/あすく)

FX取引では、投資家が売る時の値段は「BID」(ビッド)、買う時の値段は「ASK(アスク)」という。ビッドとアスクの差がスプレッドであり、FXの取引コストとなる。

必要証拠金/有効証拠金
(ひつようしょうこきん/ゆうこうしょうこきん)

FX取引をする際、口座に最低限入れなければならない金額が必要証拠金。入金した証拠金に保有ポジションの含み損益を加減した金額が有効証拠金。必要証拠金と有効証拠金の比率である「証拠金維持率」を基に強制ロスカットが判断される。

ポジション
(ぽじしょん)

新規で注文を出し、約定後、まだ決済していない建玉のこと。買いでエントリーしたポジションのことをロングポジション(買いポジ)といい、売りでエントリーしたポジションのことをショートポジション(売りポジ)という。

ロンドンフィキシング
(ろんどんふぃきしんぐ)

東京市場の「仲値」に相当するもの。「フィックス」と呼ばれたり、「ロンフィク」と略されることも。日本時間の25時(夏時間では24時)のレートが基準となり、その日の両替レートや企業間の取引レートとして使われる。この時間帯には為替相場が大きく動く傾向がある。

Part 7

暗号資産

●●●●●

将来の急騰に備えて
今からビットコインを仕込む！

暗号資産ってなんですか?

着実に実用性を高め始めている

ハジメ 先輩、耳より情報です!! あの大手自動車メーカーが極秘で発行する暗号資産「EVコイン」が、今なら特別割引価格で買えるって!

ミノリ 怪しい……。

まっつん 暗号資産は確かに有望だけれど、詐欺も多いよ。日本は世界でもいち早く暗号資産の法整備を進めた国。投資するなら金融庁に登録済みの「暗号資産交換業者」で買うのが大原則だ。

暗号資産の根幹を支えるブロックチェーン技術

まっつん 僕が最初に暗号資産を買った2014年頃は「仮想通貨は詐欺だ」という声が今よりずっと強かった。そんな声を跳ね返しながらビットコインやイーサリアムなどの主要な暗号資産は値上がりを続けて、僕が買った200万円分のビットコインは今や2000万円ほどになっているよ。

ハジメ ええっ、10倍に!?

まっつん それだけ「ブロックチェーン」が有望視されている証拠だね。

ハジメ ブロックチェーンってよく聞きますけど、なんですか?

まっつん 「分散型台帳」ともいわれる、暗号資産の根幹を支える技術だよ。預金や登記簿のような記録の管理には、通常管理者がいる。誰かが勝手に書き換えたり紛失したら困るからね。でもブロックチェーンを使うと、管理者がいなくても正確に記録を残し、誰かが改ざんすることもできない。ビットコインが「非中央集権的」といわれるのは、中央銀行や政府のような管理者がいないためだ。

NFTやDeFiなど暗号資産周辺で実用化が進む

ミノリ でも、暗号資産はお金のように使えるようにはならないですよね。

まっつん それは難しいかもしれない。ビットコインが円や米ドルの代わりに流通するようになったら政府や中央銀行は困ってしまうからね。その代わり、いろいろな場面でビットコインやブロックチェーン技術は実用性を高め始めているんだ。

ハジメ 最近流行りの「NFT」とか?

まっつん NFTは「ノン・ファンジブル・トークン」の略称で、デジタルアートや会員証のような形で実用化が進んでいる。最近は「DeFi」もバズワードだね。

ミノリ 「分散型金融」ですね。

まっつん そう。ブロックチェーンを利用し、管理者不在の取引所を運営したり、米ドルと価値が連動する暗号資産を発行したり、さまざまなDeFiサービスが登場し利用されているんだ。

ハジメ なんだかワクワクする!

まっつん 暗号資産の未来はまだ誰にもわからないけれど、爆発的に広がる可能性もある。その日に備えて、資産の一部を暗号資産で持っておくのもいいよね。

「ブロックチェーン」で多様なサービスが実現する

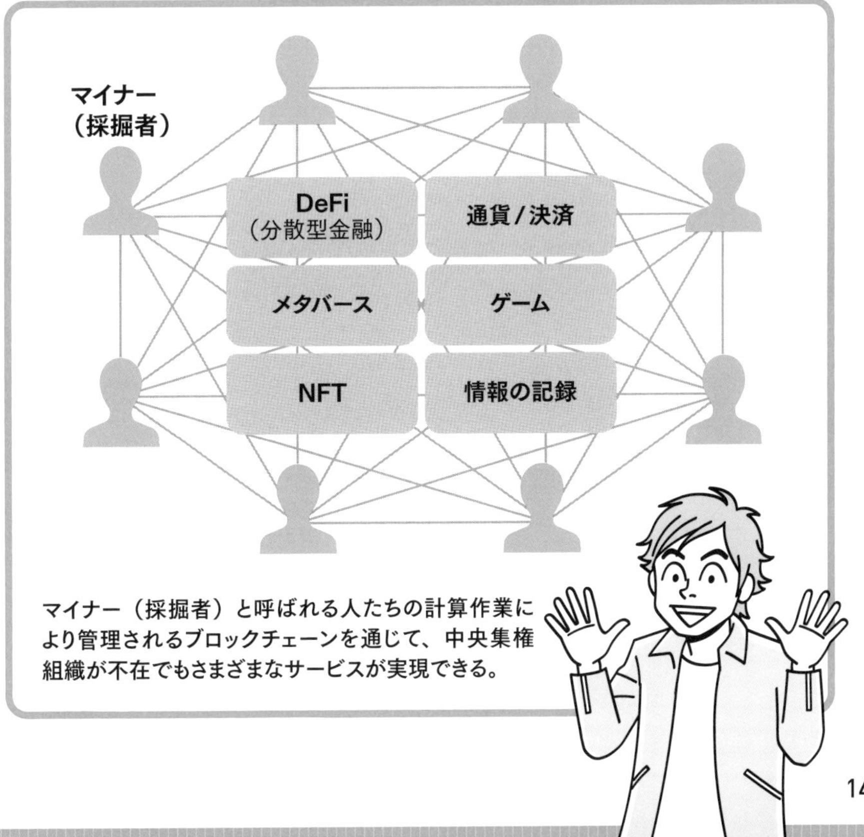

マイナー(採掘者)と呼ばれる人たちの計算作業により管理されるブロックチェーンを通じて、中央集権組織が不在でもさまざまなサービスが実現できる。

Lesson 1

急騰・急落を繰り返すビットコイン

2009年の誕生から14年、着実に価値を高め続ける

暗号資産の元祖であり、主役であるビットコイン（BTC）は、リーマンショック直後の2009年に誕生した。その翌年、あるプログラマーが「1万BTCとピザ2枚を交換してよ」とサイトに書き込んだ。これがビットコインに最初に値段がついた日であり、「ビットコイン・ピザ・デー」として世界各地でお祝いのイベントが開かれるようになった。ピザ1枚を1000円とすれば、ビットコインの最初のレートは0.2円にすぎない。1BTCは23年7月12日時点で約430万円だから、2150万倍になった計算だ。

こうした値動きの大きさは、ビットコインをはじめとする暗号資産投資の魅力であり、同時にリスクでもある。ビットコインの史上最高値は21年11月につけた約770万円だが、1年後には70%も下落している。それでもビットコインは暗号資産の中では値動きが穏やかなほうで、イーサリアム（ETH）やリップル（XRP）などの値動きはさらに荒い傾向がある。

バブル発生と崩壊を4年ごとに繰り返す

では、ビットコインの値動きにはどんな特徴があるのだろう。実は、かなりはっきりとした「4年周期」がある。ビットコインの取引は「マイナー（採掘者）」と呼ばれるブロックチェーンに書き込む人たちの計算作業によって承認される。マイナーは作業報酬としてビットコインを受け取るが、その報酬額は4年おきに半分へと減らされる仕組みだ。この半分に減るタイミングを「半減期」という。

半減期を迎えると、新たに市場に出回るビットコインの量が半分に減るため、供給不足感が出て値上がりしやすい。1000ドルを超えた13年のバブル、1万ドルを超えた17年のバブルはいずれも半減期の直後から始まり、ともに大手取引所へのハッキングにより終

焉した。直近の半減期は20年5月。ここから上昇トレンドが始まり、史上最高値の約6万9000ドルをつけて、「テラショック」と呼ばれる事件やFTXの経営破綻が起きた。ビットコインの歴史は「半減期・バブル発生・不祥事」を4年おきに繰り返しているのだ。この法則が続くなら、次回の半減期である24年には再びバブルが発生して初の10万ドルを目指すことになるのかもしれない。それまでは「仕込み時」ということになる。

バブルが発生し高値に近づいてから買うと、含み損を抱える期間が長くなってしまう。ビットコインに投資するなら4年周期を覚えておき、高値で買わず、みんなが興味を失って安値で放置されるタイミングを狙おう。

ビットコインのバブルは「4年周期」で起こる

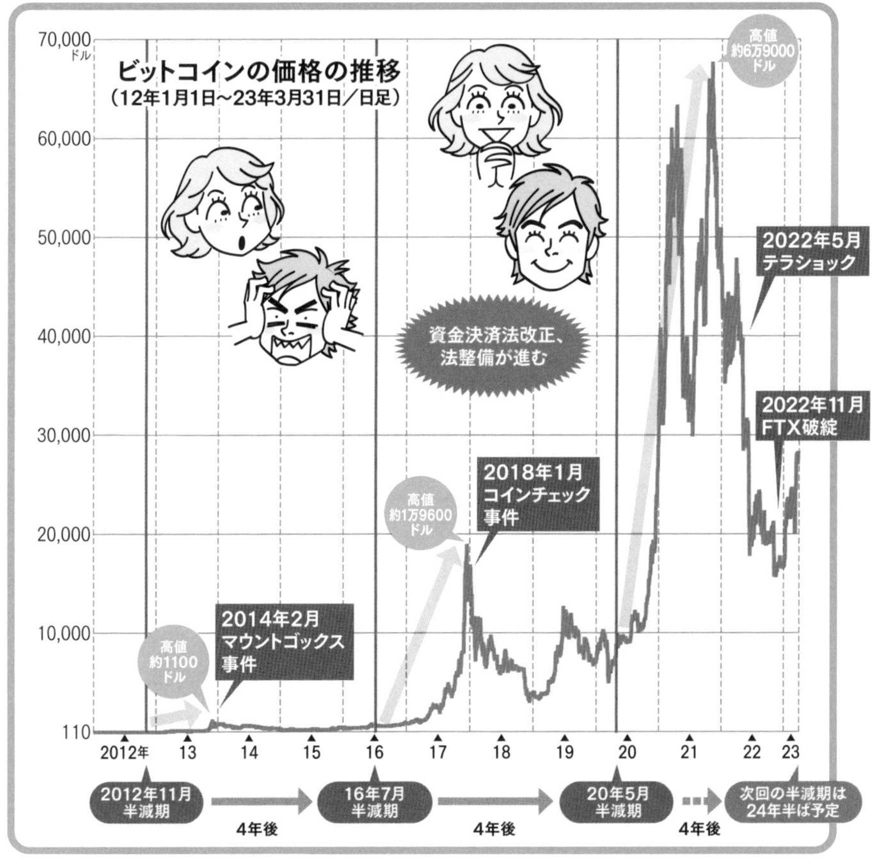

※出所：ブルームバーグデータよりマネックス証券提供

暗号資産投資の始め方

暗号資産投資を始めるなら、金融庁登録済みの「暗号資産交換業者」で取引するのが大原則。中には海外取引所を利用する人もいるが、初心者にはハードルが高く、何かあった時の保証もない。金融庁登録済みの取引所なら、預けた資産は会社資産と分別管理されるため、万が一経営が破綻しても返還される可能性が高い。

安心して取引できるのは時価総額の大きい暗号資産

次に考えたいのが、どの暗号資産を取引するかだ。暗号資産の価値を示す指標は「時価総額」。会社の株式と同じように「時価×発行数量」で計算され、時価総額が大きいほど、多くの資金を集める人気通貨ということになる。暗号資産は世界で数千種類も発行されているが、ほとんどは価値のない「電子ゴミ」だ。暗号資産自体、未知数な部分が多いのに、その中でも泡沫扱いされている通貨に手を出すのはリスクしかない。「時価総額が大きい通貨」を優先して選んでいこう。

右ページの時価総額ランキングを見ると、トップはもちろんビットコイン、2位がDeFiやNFTなどを得意とするイーサリアム。ここ数年、この順位はほぼ変わらない。比較的安心して投資できる暗号資産の2トップだ。

3位以下はかなり変動が大きい。ビットコインとイーサリアム以外の暗号資産へ投資するには高度な「目利き」が必要だ。初心者が安易に手を出すのは控えたほうがいいだろう。

売りから取引を始められるFX型の暗号資産もある

ビットコインやイーサリアムといった主要通貨では、現物だけでなくFXのようにレバレッジをかけられる商品を取り扱っている取引所もある。ビットフライヤーの「Lightning FX」や、GMOコインの「暗号資産FX」などだ。こうした商品を活用すると、下落局面でも売りから入ることで収益チャンスを得られる。レバレッジは最大2倍。外国為替FXより低く感じるが、もともとの値動きが大きいので資金効率は充分高い。暗号資産は急落局面が多いのでFX型は便利だ。ただし建玉を保有している間は毎日手数料が発生するため長期保有には向いていない。半年や1年後の値上がりを期待するなら現物で投資しよう。

また、暗号資産には「どう保管するか」という問題もある。2018年にコインチェックで大規模なハッキングが起きたことから、長期保有する暗号資産は取引所に預けっぱなしにせず、自分で管理したほうがいいとの意見も高まった。ただ、管理するにはある程度の知識が必要となり、送金などに必要なキーフレーズを紛失するリスクもある。初心者は、信頼性の高い取引所に預けておくほうが無難だろう。

暗号資産の時価総額ランキング20

順位	通貨名	通貨記号	時価総額	価格
1	ビットコイン	BTC	88.33兆円	4,288,893円
2	イーサリアム	ETH	31.70兆円	263,738円
3	テザー	USDT	11.64兆円	140円
4	バイナンスコイン	BNB	5.40兆円	34,641円
5	USDコイン	USDC	3.82兆円	140円
6	リップル	XRP	3.47兆円	66円
7	カルダノ	ADA	1.43兆円	41円
8	ドージコイン	DOGE	1.28兆円	9円
9	ソラナ	SOL	1.24兆円	3,088円
10	ライトコイン	LTC	0.99兆円	13,518円
11	トロン	TRX	0.98兆円	11円
12	ポリゴン	MATIC	0.96兆円	103円
13	ポルカドット	DOT	0.88兆円	733円
14	ビットコインキャッシュ	BCH	0.77兆円	39,741円
15	ラップドビットコイン	WBTC	0.68兆円	4,279,780円
16	ダイ	DAI	0.65兆円	140円
17	トンコイン	TON	0.64兆円	187円
18	アバランチ	AVAX	0.64兆円	1,852円
19	シバイヌ	SHIB	0.62兆円	0.001円
20	バイナンスUSD	BUSD	0.56兆円	140円

※2023年7月12日時点。※出所：Coinmarketcap

Lesson 3

初心者にオススメ！暗号資産の積立投資

値動きの激しい暗号資産をいつ買うか。タイミングの見極めはかなり難しい。だが、長期的な値上がりに期待するならいい方法がある。積立投資だ。

「毎月1万円ずつ」といったように定額で積立購入すれば、高い時には少なく、安い時には多く買うことになり、乱高下の影響を受けにくくなる。毎日チャートとにらめっこせずに済むため、精神的に楽な点も魅力だろう。

取引所の仕組みを知り、自分に合うサービスを選択

ただ、暗号資産の積立には難点もある。取引所が提供する積立サービスを利用すると、買付価格が市場価格より割高になりやすい点だ。

実は、暗号資産の取引所には、通常2種類のサービスがある。利用者同士が「板」に注文を並べる「取引所方式」と、取引所が提示する価格で購入する「販売所方式」だ。販売所方式のほうが手軽に利用できる半面、購入価格に取引所の利ざやが乗るため割高になる。そして、積立サービスの場合、自動的に販売所方式になってしまうのだ。コストにこだわるなら、「毎月1日に、自分で『取引所方式』で購入する」といったこともできるので、手間を省くかコストを抑えるかを考えて選ぼう。

暗号資産の自動積立を扱っているのは主に4社。右ページのとおり、それぞれの会社ごとに特徴がある。

積立の頻度は、4社とも「毎月1回」が可能。もっともパターンが多いビットフライヤーでは、「毎日1回」「毎週1回」「毎月2回」の選択肢もある。積立による購入単価の平準化を狙うなら、もっとも頻度の高い「毎日1回」がいいだろう。

値動きに一喜一憂せず長期で値上がりを待つ

取引所を選ぶ際は、取引ツールの使いやすさ、預けた暗号資産の管理体制、そして何より信頼性が重要となる。資本金の大きさや、ホームページに記載された資産

暗号資産積立ができる主な取引所

取引所名	bitFlyer	Coincheck	GMOコイン	BITPOINT
サービス名	かんたん積立	Coincheck つみたて	つみたて 暗号資産	つみたて サービス
最小積立金額	1円以上 1円単位	1万円以上 1000円単位	500円以上 500円単位	5000円以上 1円単位
買付タイミング	毎日1回 毎週1回 毎月2回 毎月1回	毎日1回 毎月1回	毎日1回 毎月1回	毎月1回
銀行引落	なし	あり	なし	あり
取り扱い通貨	ビットコイン イーサリアム リップル シバイヌ ビットコインキャッシュ イーサリアムクラシック ライトコイン NEM ステラルーメン モナコイン テゾス リスク ポルカドット チェーンリンク シンボル ポリゴン メイカー、他	ビットコイン イーサリアム リップル ビットコインキャッシュ ライトコイン リスク NEM ステラルーメン ポルカドット チリーズ チェーンリンク メイカー モナコイン クアンタム IOST エンジンコイン サンド、他	ビットコイン イーサリアム リップル ビットコインキャッシュ ライトコイン NEM ステラルーメン テゾス ポルカドット メイカー ダイ チェーンリンク エンジンコイン OMG カルダノ クアンタム コスモス、他	ビットコイン イーサリアム リップル シバイヌ ビットコインキャッシュ ライトコイン トロン エイダ IOST ジャスミー ポルカドット チェーンリンク ディープコイン ポリゴン ゼノ クレイ フレア、他

の管理体制などを読み比べて、自分なりに判断しよう。

また、積立を始めたら、短期的な値動きに一喜一憂せず、長い目で値上がりを待つことが大切だ。とはいえほったらかしにはせず、暗号資産関連のニュースに常にアンテナを立てておこう。暗号資産は日々進化を遂げている。今後どう発展しどう広まっていくのか、ワクワクする楽しみこそ暗号資産投資の醍醐味だ。

専門知識がなくても大丈夫
投資を始める前に覚えよう!

暗号資産の用語集

Web3
(うぇぶすりー)

次世代の分散型インターネット。Web1で世界がつながり、Web2では情報の双方向性が実現したが、管理者が存在することの弊害も指摘された。Web3が目指すのは、ユーザー同士が直接つながる分散型の世界。

NFT
(えぬえふてぃー)

非代替性トークンと訳される。デジタルコンテンツの所有権をブロックチェーン技術で証明する。アートやトレーディングカードなどのコンテンツをトークン化するだけでなく、「デジタル住民票」や「デジタル会員証」としても利用されるなど、活用の幅が広がっている。

コールドウォレット
(こーるどうぉれっと)

ハッキングなどの脅威から守るため、ネットワークから切り離して暗号資産を保管すること。オフラインのため利便性は低下するが安全性は高まる。取引所の保管体制を比較するポイントの1つ。

Satoshi
(さとし)

ビットコインの最小単位。0.00000001BTCが1Satoshiとなる。

ステーブルコイン
(すてーぶるこいん)

法定通貨と価値が連動するよう設計された暗号資産。米ドルと連動するステーブルコインが一般的。米ドルと同様に扱え、かつ国際送金が容易なため暗号資産投資家に広く利用されているが、価値の連動が崩壊するリスクも。2022年5月にはステーブルコインの「テラ(LUNA)」が暴落する「テラショック」が発生した。

DeFi
(でぃーふぁい)

分散型金融。スマートコントラクトを利用し、管理者不在で執行される金融サービス。代表例は、ユーザー同士で暗号資産やトークンの交換が可能なDEX(デックス、分散型取引所)。

トークン
(とーくん)

独自のブロックチェーンを持たず、イーサリアムなど既存の暗号資産のブロックチェーンを利用して発行された暗号資産。特定の企業や団体などが資金調達のために発行することが多い。

ハードウェアウォレット
(はーどうぇあうぉれっと)

コールドウォレットの一種。秘密鍵を管理するための専用ツール。多額の暗号資産を保有する人が利用する。その他、QRコードにして紙で保管する「ペーパーウォレット」などもある。

ビットコインETF
(びっとこいんいーてぃーえふ)

ビットコインを投資対象に含めたETF。ビットコイン現物ETFは米証券取引委員会の承認が得られず実現していない。承認されれば暗号資産へのアクセスが容易になるため、市場への好材料となる。

秘密鍵
(ひみつかぎ)

暗号資産の送金時に必要となるパスワード。自分で暗号資産を管理する場合には、この秘密鍵をコールドウォレットなどに保管し、ハッキングにより盗まれないよう気を配る必要がある。

プルーフ・オブ・ワーク
(ぷるーふ・おぶ・わーく)

PoW。ビットコインのブロックチェーンを支える仕組み。報酬としてもらえるビットコインを目当てに採掘する人たちの計算作業(ワーク)により、取引を承認する。過大な電力消費による環境への負荷や、ある特定の勢力が過半数の計算能力を占めることで改ざんが可能なる「51%アタック」がPoWのデメリットとされる。

プルーフ・オブ・ステーク
(ぷるーふ・おぶ・すてーく)

PoS。保有する暗号資産の量が多く、また保有期間が長いほど採掘しやすくなる仕組み。PoWで指摘される51%アタックや環境負荷を低減するメリットがあるとされ、イーサリアムはPoWからPoSへの移行を進めている。

Part 8

金投資

そのもの自体に価値がある
“現物資産”としての金の魅力！

有事の金って本当ですか?

不安心理が高まると金に資金が流入する

ミノリ ようやくコロナ禍を抜け出せそうと思ったら、ウクライナ戦争が長期化して、混乱が絶えない世の中になっちゃいましたね。

まっつん 有事の連続って感じだよ。連続しすぎて、有事が平時みたいになってしまうのは勘弁してもらいたいね。

ハジメ えっと、「有事」ってなんですか?

まっつん そうだな、一言でいえば非常事態のこと。武力衝突や戦争、大規模な自然災害などが発生して世の中が混乱している状況を意味しているんだ。

ミノリ コロナショックやウクライナ戦争は、まさに有事の典型ですよね。

まっつん そのとおり。そして有事になると上昇しやすいのが金価格なんだ。いわゆる「有事の金買い」と呼ばれる現象だよ。

ウクライナ侵攻の開始直後、金価格が瞬間的に反応

ハジメ 金って、あの金ピカの? 混乱の中でわざわざ買う人がいるんですか?

まっつん いや、多くの人が不安を感じている場面こそ金が買われやすいんだ。論より証拠で、実際の例を見てみよう。右ページ上の図は、2022年2月24日に、ロシアがウクライナ侵攻を開始した前後の金価格の推移だよ。

ハジメ その前から上昇傾向だったけど、侵攻開始直後に急騰している!

まっつん 可能性が指摘されていた侵攻が現実となって、瞬間的に金価格が反応したものの、当初はすぐに終わると予想されていたから反落した。ところが、ウクライナが徹底抗戦に出たうえ、ロシアが核施設への攻撃を仕掛けたことで世界中が凍りついた。まさに“超”がつくほどの有事だということで金価格が高騰し、3月8日に2000ドルを突破。20年8月に記録した史上最高値に迫ったというわけなんだ。

ハジメ でも、たまたまウクライナ侵攻の時に上昇したんじゃないのかな……。

まっつん 意外と疑り深いね(笑)。じゃあ今度はコロナショック時、20年の金価格を見てみよう(右ページ下の図)。

コロナショック時も金はすぐに買い戻された

ミノリ 3月中旬は急落したけれど、下旬から8月上旬にかけて、どんどん上昇し続けていますね。

まっつん 3月は世界的な感染拡大の第1波が襲来した時期。あまりのパニックで、株価のみならず金価格までが急落した。でも、「有事なのだから、むしろ金を買うべき!」と考える人が急増して、いち早く値を戻したんだ。

ハジメ へえ。でもなぜ「有事なら金を買うべき」なんだろう。

まっつん それにはいろいろな理由があるよ。さっそく一緒に見ていこう。

不安心理が高まると金価格が上昇する「有事の金買い」は健在!

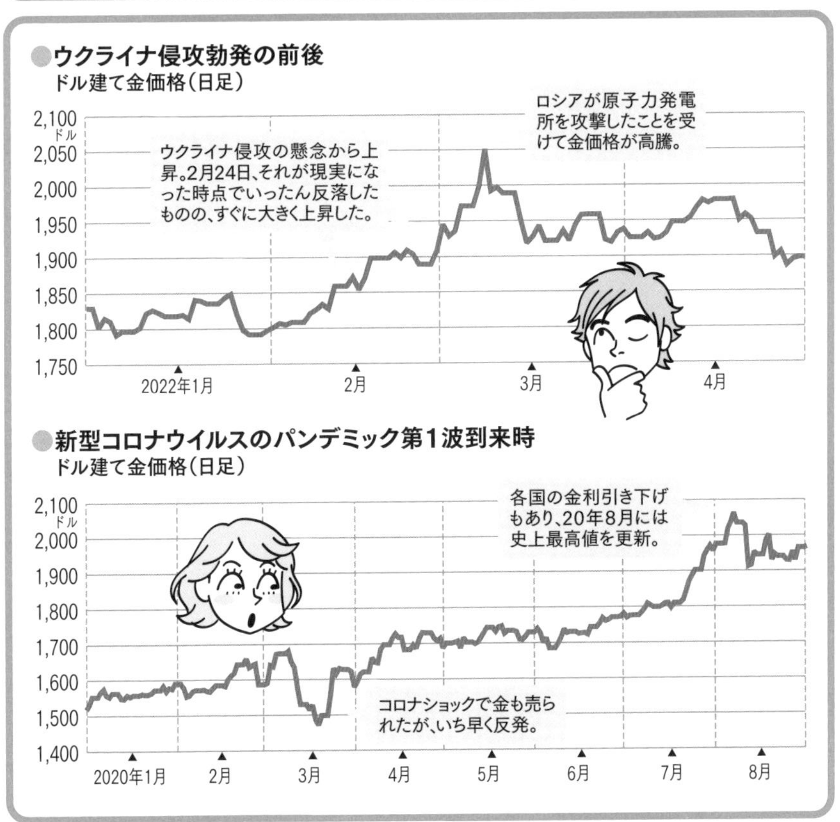

※出所:ブルームバーグデータよりマネックス証券提供

Lesson 1

金はどうして強いのか?

そのもの自体に価値がある現物資産としての魅力

金の何よりの強みは「現物資産」であること。文字通り、現物(形)がある資産だ。例えば、株式は企業が倒産すれば0円になるし、紙幣は国が破産すれば無価値になってしまう。発行体(企業や国など)の状態次第で価値が左右されることを「信用リスク」というが、金にはこの信用リスクがない。発行体を持たず、そのもの自体に価値があるからだ。

古今東西を問わず、人類は現物資産である金を珍重してきた。世界共通の価値を有し、他国へ持ち込んでも国際価格で公正に現金化できることから無国籍通貨とも呼ばれている。劣化しづらく、火事で焼失する心配がないのも魅力だ。

また、有限の鉱物資源という希少性もある。金の調査機関であるワールド・ゴールド・カウンシル(WGC)によると、今日までに採掘された金の総量は約20万トン。これはオリンピック公式プール約4杯分程度に相当する。そして、まだ掘り出されていない金(埋蔵量)は約5万トン程度で、オリンピック公式プールたった約1杯分にすぎない。金鉱石を地下深くから採掘するには膨大な時間とコストがかかり、需要と供給の不均衡も金価格上昇の要因となっている。

さらに、ここ数年来の世界的なインフレも金には追い風だ。インフレは、お金の価値が下がってモノの価値が上がるので、現物資産である金はインフレに強いといわれている。

無価値にならないから危機に備えて保有される

もちろん金にも弱点はある。それは、保有していても金利がつかないことだ。そのため、金利が上昇する局面では金は売られやすい。とはいえ、必ずそう動くとは限らない。なぜなら金利の上昇局面ではインフレが進行していることが多いからだ。2022年の米国の急激な利上げも、激しいインフレを抑制するのが狙いだった。

前述のとおり、金は現物資産、つまり「モノ」であるためインフレに強い。昨今の金利上昇局面でも、金価格は底堅い動きを見せている。金利がつかないデメリットより、モノとしてのメリットが上回った形だ。

無価値にならない現物資産、劣化しづらく希少性の高い鉱物資源であり、インフレにも強い。戦争や災害、金融危機など有事の際に金が買われるのはこうした理由からだ。万が一に備えて、資産の一部を金で保有しておくことは、自分の財産を守るうえで必要といえるだろう。

有事に資金が流入するのはなぜ?～金が強い4つの理由～

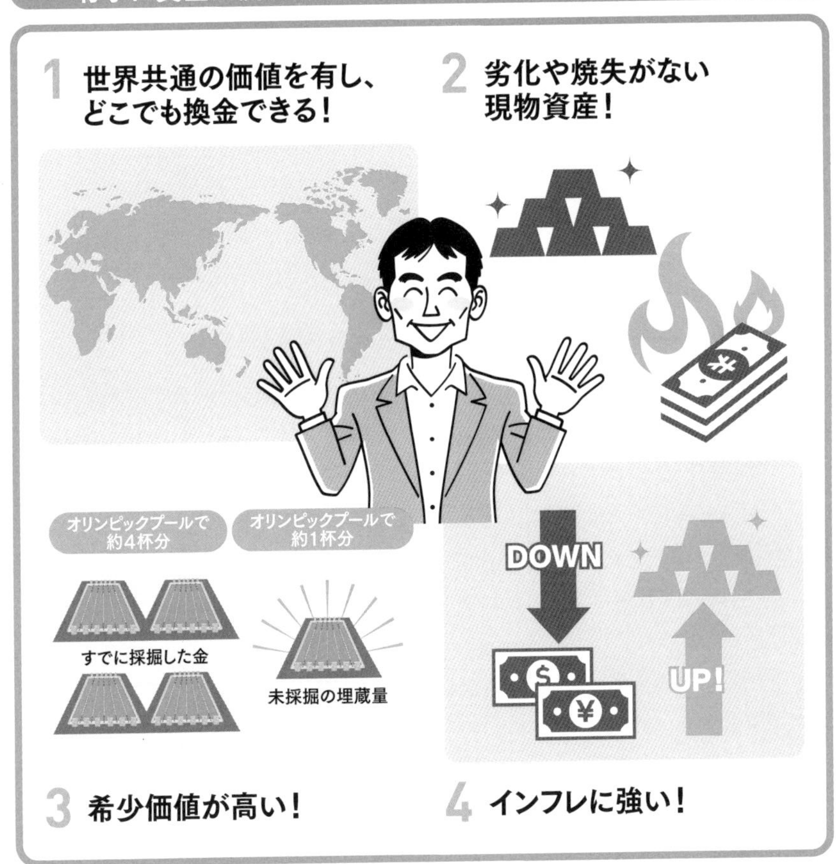

Lesson 2

金価格は国際価格と国内価格の2種類がある

金はニューヨーク市場やロンドン市場をはじめ、世界中で取引されている。その際に基準として用いられているのが米ドル建ての国際価格だ。

日本国内で適用されている取引価格は、国際価格をその時点の為替レートで円建てに換算して決定している。つまり、国内価格は国際価格の推移だけでなく、為替相場の変動にも大きな影響を受けるというわけだ。

また、国際価格の単位はトロイオンス（oz)。1トロイオンスあたりの価格をドル建てで表している。トロイオンスとは、貴金属の取引によく用いられる重さの単位で、1トロイオンス=約31.1035グラムとなる。

一方、国内価格の単位はグラム。1グラムあたりの円価格が表示されている。貴金属メーカーなどが提示する小売価格は、1トロイオンスあたりのドル建て価格を、1グラムあたりの円建て価格に換算したもの。そこに手数料などを加算した金額となっているのだ。

このように、金価格にはドル建ての国際価格と円建ての国内価格、2つの価格が存在することを覚えておこう。

金の円建て価格は円高・円安で大きく変わる

前述のとおり、金の国内価格は米ドル／円の為替の動きに大きな影響を受ける。右ページの図は、金のドル建て価格と円建て価格を、2020年1月1日の終値を100として指数化したものだ。

22年に入って2つの価格が大きく乖離しているのがわかるだろう。ドル建て価格は2月～3月上旬にウクライナ侵攻を受けて急騰したものの、その後は下落に転じた。ところが、円建て価格は上昇し続けている。これは米ドル／円の為替相場が大幅な円安に振れたからだ。

米ドル／円の為替チャートと比べてみると一目瞭然。円安局面では、ドル建て価格が下落しても、円建て価格は変わらないかむしろ上昇する。逆に円高局面では、ドル建て価格が上昇しても、円建て価格は変わらないかむしろ下落する。

金投資を始めるなら、ここがもっとも注意するべき点。金の国際価格だけでなく、常に米ドル／円の為替レートをチェックする必要があるのだ。

急激な円安でドル建て価格と円建て価格が乖離

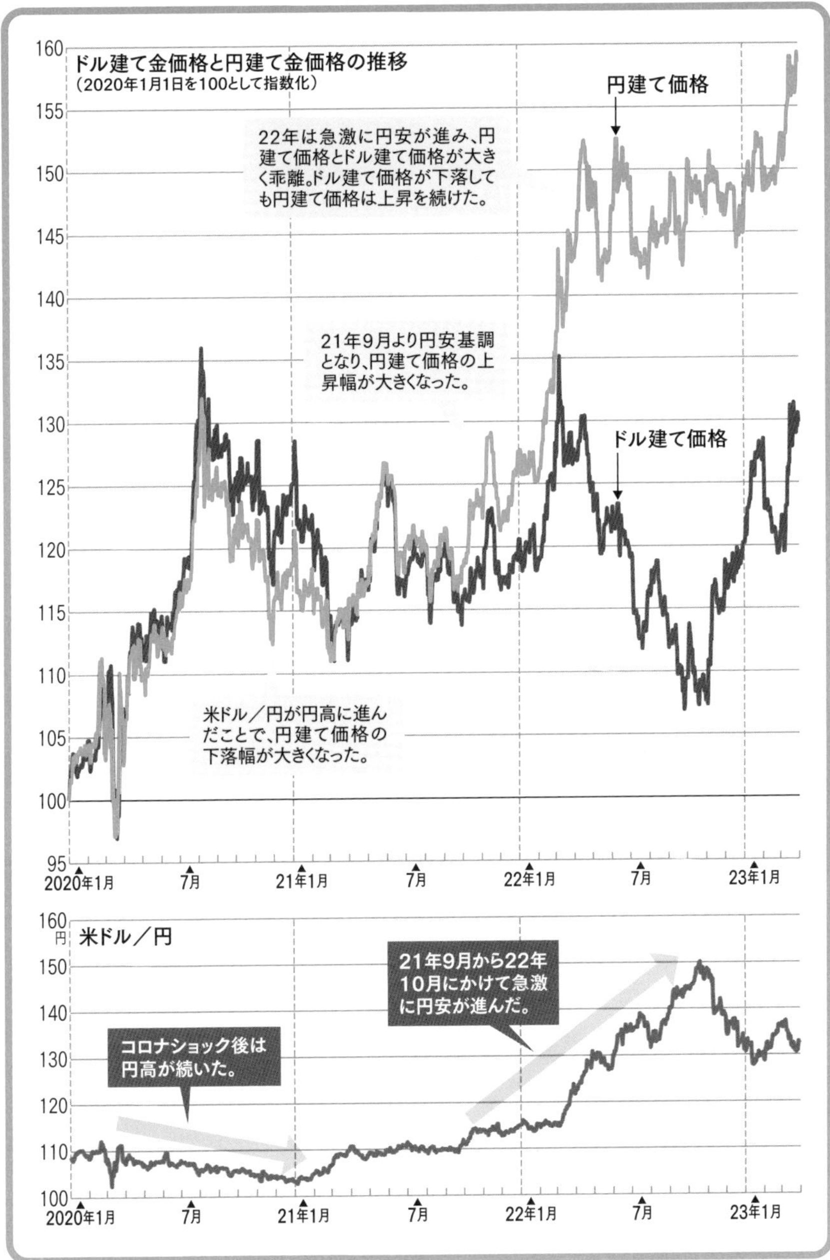

※出所：ブルームバーグデータよりマネックス証券提供

Lesson 3

金投資の始め方と注意するポイント

いよいよ金投資の始め方だ。商品の具体的な選択肢としては、「金地金・地金型金貨」「純金積立」「金ETF（上場投資信託）」「金関連の投資信託」などが挙げられる。どれを選ぶかは、投資目的や予算などによって変わってくる。

現物か値上がり益か、目的によって投資商品を選ぶ

黄金色に輝く現物資産としての金に魅力を感じている人は、金地金や地金型金貨、純金積立がオススメ。ずっしりとした金の重量感に魅せられる人も多い。

ただし、重量サイズの大きい金地金を購入するには、ある程度まとまった資金が必要なので予算によって選択肢は絞られる。サイズの小さい金地金は、手数料面で不利になるということも。地金型金貨は金地金に比べて低予算で購入でき、種類もいろいろあってデザインも美しいが、割高な価格設定になっている。

ビギナーにぴったりなのは純金積立だ。多額の資金がなくても金投資をスタートでき、コツコツと金を買付けることで、やがて金現物として引き出せる。自動積立なので、購入のタイミングに悩む必要がないのも魅力。

一方、金を投資対象として考えるなら、低コストで機動的に売買できる金ETFが有力候補となってくる。数千〜数万円で取引でき、金価格の上昇に伴うキャピタルゲイン（値上がり益）を追求できる。また、資産の裏付けとなる金現物が保管されている金ETFもあり、有事の備えにもなる。

少額から自動積立ができるという点では金関連の投信も選択肢の1つだ。金価格に連動する金融商品に投資するファンドや、金を採掘する金鉱企業株に投資する金鉱株ファンドもある。金鉱株ファンドは、金価格の上昇を上回ることもあり人気だが、その分高いリスクを負うことにもなるので、ビギナーは注意が必要だ。

右ページにどんな金投資が向いているかがわかるフローチャートを作ったので、ぜひトライしてみてほしい。

いずれにしても、金投資を始める時のチェックポイントは4つ。①資産を守る金現物の裏付けがあるか。②すぐに現金化できる流動性があるか。③少額から投資できるか。④コストは安いか、だ。

これらを踏まえたうえで、それぞれの金投資商品をもっと詳しく見ていこう。

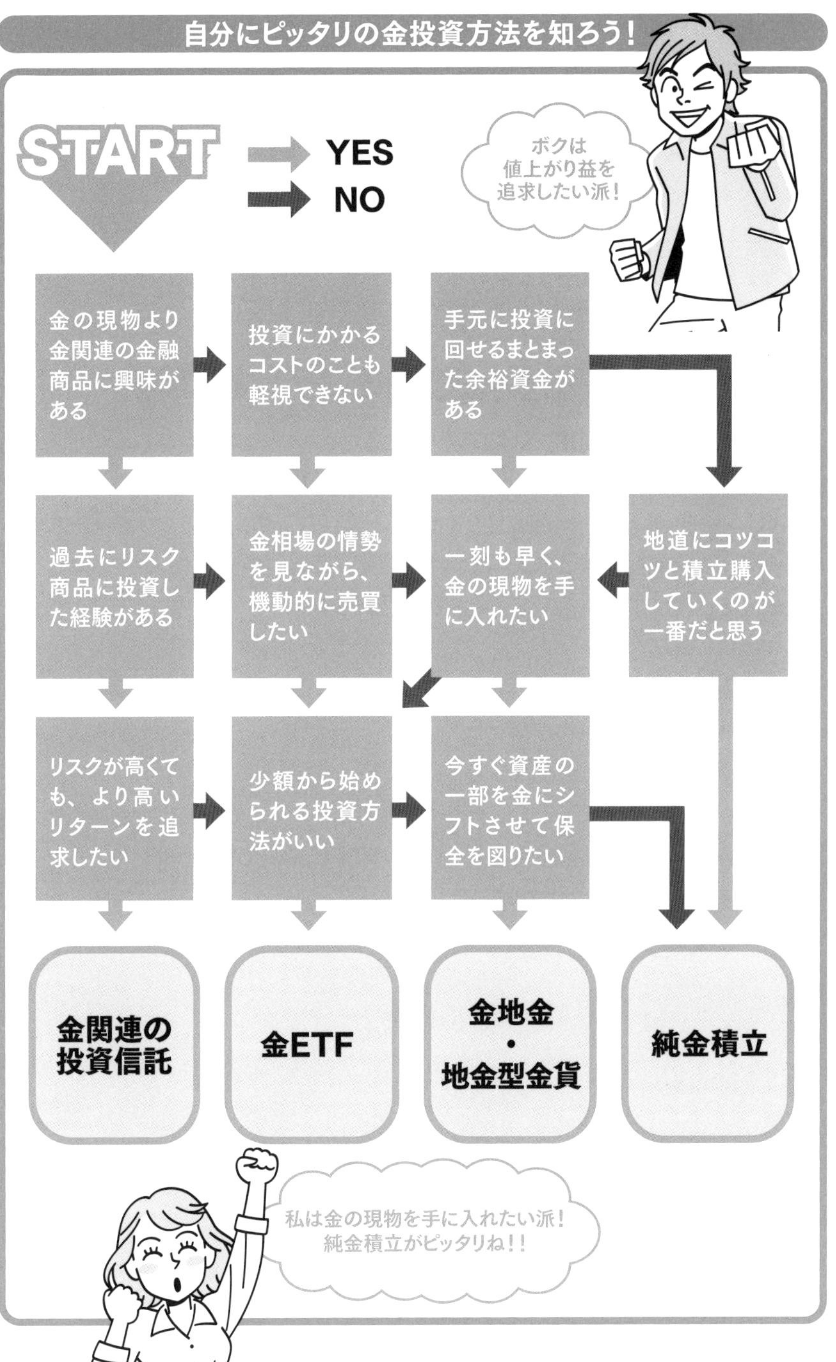
自分にピッタリの金投資方法を知ろう！
START
YES
NO
ボクは
値上がり益を
追求したい派！
金の現物より金関連の金融商品に興味がある
投資にかかるコストのことも軽視できない
手元に投資に回せるまとまった余裕資金がある
過去にリスク商品に投資した経験がある
金相場の情勢を見ながら、機動的に売買したい
一刻も早く、金の現物を手に入れたい
地道にコツコツと積立購入していくのが一番だと思う
リスクが高くても、より高いリターンを追求したい
少額から始められる投資方法がいい
今すぐ資産の一部を金にシフトさせて保全を図りたい
金関連の投資信託
金ETF
金地金・地金型金貨
純金積立
私は金の現物を手に入れたい派！
純金積立がピッタリね！！

Lesson 4

オススメ金投資商品❶ 純金積立

毎月決まった金額、もしくは量でコツコツと金を買付けていく純金積立。積立購入した金は取り扱い会社が保管し、所定の数量以上に達すると、希望に応じて金地金や地金型金貨などの現物として引き出すことができる。もちろん売却して現金化することも可能だ。

少額から始められて、買うタイミングに悩む必要なし

定額積立の場合、1000円、3000円といった少額から気軽に始められるうえ、購入のタイミングを見定める必要もない。金価格の推移に左右されることなく一定額ずつ購入し続けるため、「時間分散」の効果によって価格変動リスクを抑えられる。つまり、金価格が安い時は多く、高い時は少なく購入することで、一定量ずつ買付けた場合と比べて平均の購入コストを抑えられるという「ドル・コスト平均法」の効果が期待できるわけだ。

また、毎月の積立購入とは別に、好きなタイミングで金を買い増しする「スポット購入」も可能。「金価格が下落した! 今がチャンスだ!!」と思った時に利用すれば、よりオトクに金投資ができる。

純金積立のデメリットとしては、買付手数料などコストが高い点。購入価格と売却価格に差（スプレッド）があり、これもコストとなる。現物の引き出しにも手数料がかかる。また、金の保管方法には「消費寄託」と「混合（混蔵）寄託」があり、消費寄託の場合は、万が一取り扱い会社が破綻すると、預けていた金が戻らないリスクがある。取り扱い会社は信頼できるところを選ぶのも大切だ。

純金積立を取り扱っているのは、三菱マテリアルや田中貴金属といった貴金属メーカーや、マネックス証券、楽天証券、SBI証券など証券会社をはじめとする一部の金融機関。会社ごとに最低積立額や手数料などが異なるので、しっかりと比較してから選ぶのがいいだろう。中には現物で引き出せない会社もあるので注意が必要だ。

純金積立の主な取り扱い会社とサービス内容

	三菱マテリアル	田中貴金属	マネックス証券	楽天証券	SBI証券
サービス名	「マイ・ゴールドパートナー」	「田中貴金属の純金積立」	「マネックス・ゴールド」	「金の積立サービス」	「金の積立取引」
最低積立額	3000円／月	3000円／月	1000円／月	1000円／月	1000円／月
年会費（税込）	880円 ※一定の条件下、郵送物の不要化で無料	1100円 ※ネットサービスは無料	無料	無料	無料
保管料	無料 ※混蔵寄託は規定の保管料がかかる	無料	無料	無料	無料
買付手数料（税込）	2.6～3.1%	1.65～2.75%	1.65%	1.65%	1.65%
売却手数料	無料	無料	無料	無料	無料
現物引出し	5gより可能	5gより可能	100gより可能	100gより可能	1kgより可能
現物引出手数料（税込）	1kg、500kg：無料 100g：8250円／本 20g、10g：各3300円／本 5g：4400円／本	2200円／回 ※バー指定時は別料金	100g：6600円／本 1kg：2万7500円／本 ※ほかに消費税相当額と送料がかかる	100g：5500円／本 500g：2万2000円／本 1kg：2万7500円／本 ※ほかに消費税相当額と送料がかかる	現地取次先のドル価格に為替レートを乗じて算出 ※ほかに消費税等および配送費等がかかる
スポット購入	可能	可能	可能	可能	可能

※2023年7月14日時点

Lesson 5

オススメ金投資商品❷ 金地金、地金型金貨

金の現物を手元に置きたい人は、金地金や地金型金貨が選択肢となる。金地金はインゴットやバーと呼ばれ、最小サイズは5グラム、最大サイズは1キログラム。この間で、会社によりさまざまなサイズが用意されているので予算に合わせて選ぼう。ただし、500グラム未満の金地金には「バーチャージ」という売買手数料がかかるケースが多い。

金地金の表面には、製造番号（金塊番号）、製錬業者の商標、重量、素材、品位（純度）などが刻印されている。この刻印がロンドンやニューヨークの金市場に登録され、世界的にその価値が認められる。素材の欄に「FINE GOLD」と刻まれていたら、純金であることを意味する。品位表示の999.9は、純度99.99%のことだ。

デザインが美しい地金型金貨は、気軽に手にできる金の現物

金地金より比較的気軽に購入できるのが地金型金貨だ。実は金貨には「通貨型」と「地金型」があり、通貨型は記念金貨などを指す。ここで取り上げている投資対象としての金貨は地金型だ。

国内で販売されている地金型金貨の代表格といえるのが、オーストラリア政府発行の「カンガルー金貨」、オーストリア政府発行の「ウィーン金貨ハーモニー」、カナダ政府発行の「メイプルリーフ金貨」だ。いずれも各国の造幣局が鋳造しており、重量・品位を政府が保証している。

地金型金貨はデザイン性に優れ、加工にも手間がかかっている。また、外国で発行されていることから、為替変動も含めた輸入コストもある。そのため、同じ重量の地金よりも価格は割高だ。

金地金と地金型金貨のデメリットとしては、やはりコストが高いこと。購入価格と売却価格に差（スプレッド）もある。また、盗難・紛失リスクも忘れてはいけないだろう。金地金の場合、貴金属メーカーによっては預かってもらうこともできるが、保管手数料がかかることになる。

金地金・地金型金貨の一例

（三菱マテリアルの例）

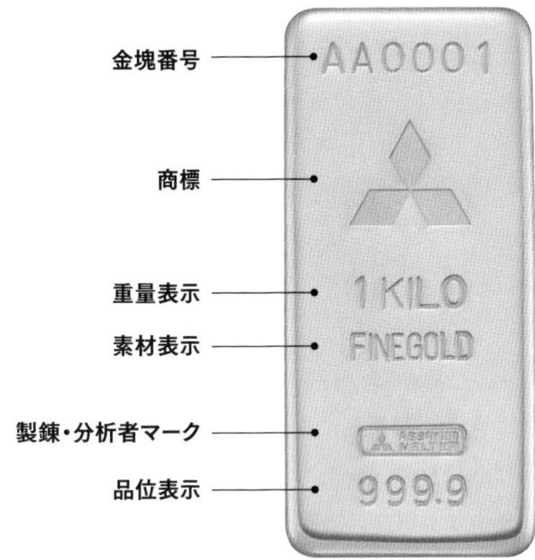

【サイズ】
1kg、500g、100g、
20g、10g、5g

【小売（Web）価格】
1g＝9603円（税込）
※2023年7月14日時点

【コスト】
販売手数料
※500g未満の場合発生する

地金型金貨の種類

カンガルー金貨

【発行元】
オーストラリア・パース造幣局
【品位】
99.99％
【小売価格】
1oz＝31万7239円（税込）
※2023年7月14日時点
【サイズ】
1oz、1/2oz、1/4oz、
1/10ozの4種類

ウィーン金貨ハーモニー

【発行元】
オーストリア造幣局
【品位】
99.99％
【小売価格】
1oz＝31万7239円（税込）
※2023年7月14日時点
【サイズ】
1oz、1/2oz、1/4oz、
1/10ozの4種類

メイプルリーフ金貨

【発行元】
カナダ王室造幣局
【品位】
99.99％
【小売価格】
1oz＝31万7239円（税込）
※2023年7月14日時点
【サイズ】
1oz、1/2oz、1/4oz、
1/10ozの4種類

Lesson 6

オススメ金投資商品❸ 金ETF、金関連の投資信託

金の値上がり益を狙うなら金ETFがオススメ。ETFとは上場投資信託のことで（82ページ参照）、金ETFは、金価格に連動するように設計されたETFだ。株式と同様に証券会社を通して市場（東京証券取引所）で売買する。

金の現物よりもはるかに少額の数千～数万円で売買でき、コストも比較的安い。なにより相場を見ながら機動的に売買できる点が最大のメリットだろう。もちろん信用取引も可能だ。また、保有中にかかる信託報酬も、一般的な投信より低めの設定になっている。

金ETFを選ぶ際、注目したいのが「現物の裏付け」があるかどうか。つまり、金の現物が実際に保管されているかどうかだ。商品によって、この裏付けがあるものとないものがある。自分の財産を守るために金投資を始めるなら、たとえ値上がり益狙いでも現物の裏付けのある金ETFを選ぼう。万が一発行体が破綻しても現物は守られるので安心感がある。

ただし、金ETFは自動積立ができないというデメリットがある。また上場廃止のリスクがあることも覚えておきたい。

金価格の上昇を上回るリターンが狙える投信も

金関連の投信にも注目したい。前述の金ETFを運用対象とする投信が一般的だが、投信ならではの自動積立ができる点が最大のメリットだ。会社によっては100円からなど少額で積立できるところもある。初心者が金投資デビューするにはぴったりといえるだろう。

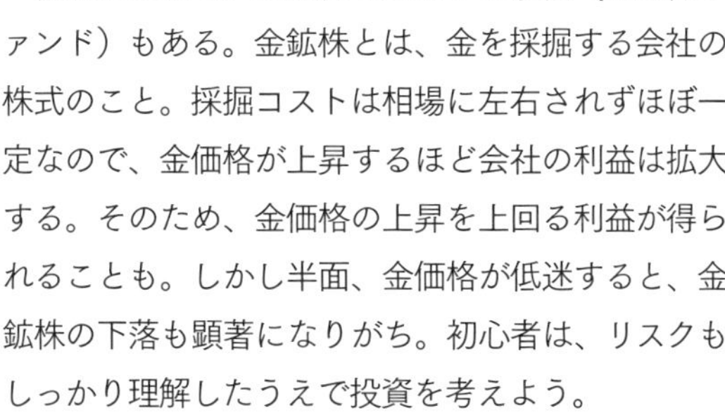

視点を変えて、金鉱株で運用する投信（金鉱株ファンド）もある。金鉱株とは、金を採掘する会社の株式のこと。採掘コストは相場に左右されずほぼ一定なので、金価格が上昇するほど会社の利益は拡大する。そのため、金価格の上昇を上回る利益が得られることも。しかし半面、金価格が低迷すると、金鉱株の下落も顕著になりがち。初心者は、リスクもしっかり理解したうえで投資を考えよう。

主な金ETFと金関連の投資信託

●金ETF

証券コード	名称	信託報酬	概要
1326	SPDR ゴールド・シェア	年0.4%	世界最大の規模を誇る金ETFの円建て版。純資産残高の増加に連動して現物が買付けられる。
1328	NEXT FUNDS 金価格連動型 上場投信	年0.55%	日本円換算した1gあたりの金価格(対象指標)に連動する投資成果を目指す。
1540	純金上場信託 (現物国内保管型) 〈金の果実〉	年0.44%	国内の金融機関が組成。裏付けとなる金現物を国内に保管し、一定の口数で転換することができる。
1672	WisdomTree 金上場投資信託	年0.39%	ロンドン地金市場協会(LBMA)の規格に基づく金地金の現物に投資し、金価格との連動を目指す。

●金関連の投資信託

名称	信託報酬	運用会社	概要
ゴールド・ファンド	年0.407%	日興アセット マネジメント	世界の取引所に上場されている、金地金価格への連動を目指すETFに投資。
三菱UFJ 純金ファンド	年0.99%	三菱UFJ 国際投信	東証上場のETF「純金上場信託(現物国内保管型)」が主な投資対象。
ピクテ・ゴールド	年0.879%	ピクテ	投資信託を通じて現物の金へ投資する。為替ヘッジありとなしの2ファンド。
ブラックロック・ ゴールド・ファンド	年2.20%	ブラックロック	南アフリカ、オーストラリア、カナダ、米国などの金鉱企業株を中心に投資。
ステートストリート・ ゴールドファンド	年0.895%	ステート・ ストリート	最大の金ETFである「SPDRゴールド・シェア」を主要な投資対象としている。

専門知識がなくても大丈夫
投資を始める前に覚えよう！

金投資の用語集

貴金属
（ききんぞく）

金、プラチナ、銀、パラジウムをはじめ、産出量が少ない貴重な金属のこと。工業的な需要が高い貴金属はレアメタルと呼ばれる。

金本位制
（きんほんいせい）

通貨と金を常に一定額で交換できるようにして、通貨の価値を純金で担保する制度。19～20世紀初頭に世界で取り入れられていた。

純度
（じゅんど）

金を用いた宝飾品の純度はカラットという単位で表示し、99.99～100％ならＫ24（24金）となる。純度75％ならＫ18（18金）、純度58.5％ならＫ14（14金）。これに対し、投資用の地金の純度はFinenessで示し、日本国内で販売されている金地金には、通常「999.9（Fine Gold）」（＝純度99.99％）と刻印されている。

スモールバーチャージ
（すもーるばーちゃーじ）

重量の小さい金地金「スモールバー」を調達する時にかかる調達費（手数料）。一般的に500グラム未満で数千円程度かかる。

特定保管（混蔵寄託・混合寄託）
（とくていほかん／こんぞうきたく・こんごうきたく）

投資家が所有権を有したまま、金の現物を貴金属会社などが保管すること。保管している金の現物はその会社の資産とはみなされず、経営破綻に陥った場合も投資家の所有権が脅かされることはない。ただし、投資家は預けている金の量や期間に応じて所定の保管料を支払う場合がある。

都市鉱山
（としこうざん）

地球上に残る埋蔵量は非常に限られているものの、金はリサイクルが可能。パソコンやスマートフォンをはじめとする電子機器には金を加工した部品が多数使用されており、それらを回収すると大量のリサイクルが可能に。大都市で廃棄されている大量の電子機器のことを都市鉱山と呼ぶようになった。

トロイオンス
（とろいおんす）

貴金属の重さを示す単位で、１トロイオンス＝約31.1035グラム。金の国際価格（ドル建て）は１トロイオンスあたりの金額になっている。一般的に知られている質量の単位であるオンスとはまったく異なるもの（１オンス=28.35グラム）。

ペーパーゴールド
（ぺーぱーごーるど）

金価格に連動する金融商品だが、実際に金の保管はされていない金融商品のこと。金ETFをペーパーゴールドに含むケースもあるが、金ETFの中には現物の裏付けがあるものも。

四大金市場
（よんだいきんしじょう）

ロンドン、チューリッヒ、香港、ニューヨークの金市場のこと。中でも金価格に大きな影響を与えるのはロンドンとニューヨーク。その取引価格が指標として他の市場に影響を与えていく。

ロンドン金市場
（ろんどんきんしじょう）

世界における金取引の中心的役割を果たしている市場。17世紀に誕生し、金本位制度が機能していた時代は大きな影響力を有した。当時と比べれば権勢は衰えたとはいえ、今も金市場としての重要性は高い。

ロンドン貴金属市場協会
（ろんどんききんぞくしじょうきょうかい）

1987年にロンドンで設立。LBMA（The London Bullion Market Associationの略）の名称で知られる。ロンドン金市場で流通する金の規格を規定・管理する機関。その規格が世界的に採用されており、同協会が金取引のグローバル・スタンダードを決定づけている。

ワールド・ゴールド・カウンシル
（わーるど・ごーるど・かうんしる）

世界の主要な金鉱山会社40社によって、1987年に設立された非営利組織。英国に本社を置き、主要17カ国に拠点を構え、金市場の調査研究などを行っている。

おわりに

なんでこの本を書いたのか？

それは、私が過去に経験して得た知識や感情を、皆さんにシェアしたいと考えたからです。

毎日、上司の機嫌をうかがい出社する。翌日の仕事を控え、週末の夜が憂鬱だ。もっとお金があれば解決できるのに……。そんな経験はありませんか？

サラリーマンをしながらでも、投資で収入を得て、私は自分のマインドが大きく変わりました。金銭的な余裕は人間の心に余裕をもたらすのを自らの人生で経験したのです。当然、お金がすべてではないし、“一番大切なもの”ではないかもしれません。ただ、この資本主義経済の世界において、お金が“必要なもの”というのは紛れもない事実です。

本書を読んで満足しても人生は変わりませんし、一回の投資で大きく変わることもないです。ですが、今日の一歩がなければ明日の一歩もありません。

そんな読者さんの一歩になるような存在に本書がなれば、著者としては嬉しい限りです。

問い合わせを無料にしているのもそのためです。よく依頼のある、塾講師やオンラインサロン運営などもやるつもりはありません。私が皆さんと関わりを持てる手段の1つが本書です。

元々、ごく普通の一般人だった私が、普通以上の生活を送れるようになった経験を、せめてこの本を手に取った読者さんにはシェアしたい、そんな想いで特典をつけています。

勇気ある一歩は、未来を変える大きな一歩です。そんな皆さんの勇気に私は応えたいし、協力したい。

まっつん流の投資手法は皆さんに余すことなくシェアします。ぜひ一緒に、自分の人生を豊かにするためにスタートを切りましょう!!

Enjoy Your Life!!!

まっつん

読者限定

まっつんの初めての出版を記念して、
読者限定で直接まっつんの投資アドバイスを
個別で受けられる特典を用意しました！
本書では書ききれなかった
投資の具体的なノウハウを聞けるチャンス!?

今すぐにLINEで直接質問してみよう!!

※特典は予告なく終了する可能性がございますのでご了承ください。

教えてまっつん先生!! 素人でもわかるお金の授業

2023年8月29日　第1刷発行

著者　まっつん
発行所　ダイヤモンド社
〒150-8409　東京都渋谷区神宮前6-12-17
https://www.diamond.co.jp/
電話／03-5778-7235（編集） 03-5778-7240（販売）
装丁・本文デザイン　高柴琴永（ウララコミュニケーションズ）
イラスト　森 マサコ
データ提供　マネックス証券
協力　シグマ
製作進行　ダイヤモンド・グラフィック社
印刷　加藤文明社
製本　ブックアート
編集協力　加藤三津子
編集担当　前田早章

ISBN 978-4-478-11699-9

※投資は情報を確認し、ご自身の判断で行ってください。本書を利用したことによるいかなる損害などについても、著者および出版社はその責を負いません。本書の内容は特に記載のないものは2023年6月1日時点のものであり、予告なく変更される場合もあります。また、本書の内容には正確を期すよう努力を払いましたが、誤り・脱落等がありましても、その責任は負いかねますのでご了承ください。